典馥眉◎著　金城妹子◎繪

聰明兼差賺到100萬

月入10萬的兼差術大公開

成功雲 10

出 版 者／雲國際出版社
作　　者／典馥眉
總 編 輯／張朝雄
封面設計／陳冠傑
排版美編／YangChwen
內文插畫／金城妹子
內文校對／李韻如
出版年度／2014年9月

聰明兼差
賺到100萬

郵撥帳號／50017206 采舍國際有限公司
（郵撥購買，請另付一成郵資）
台灣出版中心
地址／新北市中和區中山路2段366巷10號10樓
北京出版中心
地址／北京市大興區棗園北首邑上城40號樓2單元709室
電話／（02）2248-7896
傳真／（02）2248-7758

全球華文市場總代理／采舍國際
地址／新北市中和區中山路2段366巷10號3樓
電話／（02）8245-8786
傳真／（02）8245-8718

全系列書系特約展示／新絲路網路書店
地址／新北市中和區中山路2段366巷10號10樓
電話／（02）8245-9896
網址／www.silkbook.com

聰明兼差賺到第一桶金／典馥眉著. -- 初版. -- 新北市：雲國際, 2014.08
面；　公分
ISBN 978-986-271-528-4（平裝）
1.兼職 2.副業
542.78　　103013817

兼差的七大優勢

兼職，最直接的效應，便是可以為我們帶來金錢上的收入。

不過，我們更應該思考的另外一點是——除了金錢以外，兼職是否可以為我們帶來更多「能力增加」與「實戰經驗增加」的「附加價值」呢！在我們進入五花八門的兼職工作之前，先一起來看看，兼職工作到底具備哪「七大優勢」吧。

第一優勢：荷包變得更大了！

利用原本可能也不知道該做些什麼的時間，額外再找份小工作，把無聊或容易就揮霍掉的時間，通通變成可以運用的金錢，流入荷包裡，這是兼差最明顯也最直接的實際收益。在平常忙碌的生活裡，這邊偷一點時間，那邊偷一點時間，加起來的總和，往往可以讓我們替自己加薪好幾千塊，甚至是好幾萬塊。

朋友小陳，是一名電腦工程師，在平常繁忙的工作之餘，還在一間提供手機加值服務的公司兼職做「程式顧問」，每個月固定有一萬五的額外收入進帳，工作內容除了提供該公司程式部諮詢以外，只在有服務即將要問世時，需要親自操刀幫忙趕一下程式，平均一天花不到兩小時時間做這份工作，也無須天天到公司報到，工作時間其實相當自由。

不過，有鑒於有些科技公司不鼓勵員工兼職，小陳只好私底下偷偷來，並請兼職公司盡量不要在上班時間與他連絡。因為先做好事先的協調工作，兼職的公司也能夠諒解，平常連絡方大多使用方便的mail，除了mail以外的連絡工作，都會挑在下班後的時間，除非有非常緊急的事情必須非馬上連絡不可，否則大多以mail連絡即可。

兼職小撇步：為了避免不必要的情況發生，大多數人會選擇「低調行事」，尤其在正職的公司裡，能越少人知道越好喔。

欲知如何利用自己已經擁有的工作技能，再做延伸，不僅能夠在白天為自己賺進一份正職工作的薪水，還可以繼續成為兼職工作「再賺一筆」的額外進帳，詳情請見本書「CHAPTER 2需特殊技能的兼職工作」中的「操算數間公司帳目的會計」，看看這些人如何為自己賺進薪水1.5倍，甚至是2倍的收入！

第二優勢：專業能力變得更強！

除了賺錢之外，有不少人兼職是為了一圓自己年輕時的夢想，或者是為了能讓自己的興趣與愛好，能夠更加投入去鑽研，才積極加入兼職的工作裡。

朋友因為外語能力不錯，一畢業便進入外商公司工作，薪水不錯，但一心嚮往文學翻譯的她，一直覺得若有所失。後來她自己想通了，如果不能成為專業的翻譯人員，偶爾接點翻譯小短文作品的文章，來過過乾癮，似乎也很不錯。於是，她後來開始跟出版社有了初步合作。經過一段時間的互動後，有一天，出版社竟詢問她是否可以幫忙翻譯一本詩集。她聽到後，腦袋幾乎整整當機了好幾秒鐘，不敢相信自己求學時代的夢想，居然在自己的兼職工作中實現了。

欲知其他更多在賺錢之餘，還可以不斷增進自己專業能力的兼職案例，詳情請見本書「CHAPTER 4擁有語言能力，讓荷包滿滿滿」中的「翻譯工作者」。

第三優勢：賺錢管道變得更多！

在科技公司工作的朋友，常常在公司每年一度的員工績效評比時，便會不自覺壓力大了起來。一直擺盪在「有工作」跟「可能被裁員」之間的芸芸，決心替自己再培養幾個能夠賺錢的管道與第二專長。

從很小的時候，爺爺便一直培養芸芸寫書法，現在她開始慢慢到補習班教學生們寫書法，也接受一對一的教學。對她而言，與其另外適應一個全新的工作，不如從自己以前所學的事物中，尋找一個自己喜歡、同時也能賺錢的工作下手，再慢慢找尋其他兼職的可能性與發展性。

欲知如何在正職工作之外，另外為自己開闢出不同的賺錢管道，詳情請見本書「CHAPTER 2需特殊技能的兼職工作」中的「寵物的暫時媽咪」、「婚禮秘書」……等等。

第四優勢：未來變得更值得期待！

透過兼職工作，我們可以廣泛地認識到更多人，如果兼職工作與正職工作相差甚多，那麼將能結識社會中另外一個族群的人。

對工作上來說，這是非常能夠擴展自己人脈的機會，畢竟人脈就是金脈，也許哪一天自己想離開現有的工作崗位時，兼職工作會突然成為我們的正職工作也說不定喔。欲知哪些工作可能兼職變正職，詳情請見本書「CHAPTER 3邊賺邊玩的兼職工作」中的「領隊」、「企劃活動」……等等。

第五優勢：生活變得更有保障！

很多人在職場上工作，常常都會面臨到可能被裁員的風險，為了讓自己的生活更有保障、不會因為公司一聲令下，而發生人生中巨大的改變，不少人早就開始偷偷多準備好幾把能夠幫自己賺錢的刷子。

欲知有哪幾把刷子是現在最熱門的，詳情請見本書「CHAPTER 2需特殊技能的兼職工作」中的「整體造型師」、「CHAPTER 5　自己當個小老闆」中的「網拍眉角多」、「二手書店挖寶去」……等等。

第六優勢：生命充滿更多可能！

生命中，有多少「無心插柳柳成蔭」的人生故事，本來只是到一間咖啡店打個工，後來卻成為自己立志當咖啡店老闆的一個契機。

在「缺乏資金」與「必須承擔可能失敗」的風險下，有些人在決定要不要進入一個產業前，會先到相同產業先工作一陣子，吸取已經在進行中的寶貴經驗，成為自己的創業養分。最後，等手邊有了足夠的金錢和相關資訊、知識後，才能更加客觀與理性地判斷是否開店。

兼職工作，有時候也可以看成是在為自己將來想開的店，做好「預備功課」喔。欲知如何利用兼職工作經驗的跳板，做好進階可能的準備，詳情請見本書「CHAPTER 1最快入門的兼職工作」中的「『一魚三吃』的咖啡店店員」。

第七優勢：日子變得更加開心！

在現實生活裡，很多人會覺得跳舞這件事，不能當飯吃，不管自己內心有多麼渴望跳舞，為了生活能夠安定，往往不得不放棄跳舞，給自己找一份一般人眼中的正職工作，然後乖乖上班。

但是，如果就這樣放棄自己最喜歡的跳舞，實在就太過可惜了。有些愛跳舞的朋友，靈活腦袋一轉，馬上想到一個折中的好辦法！如果跳舞不能成為正職工作，那麼總可以成為自己的「兼職工作」吧？

於是，在經歷一整天壓力頗大的正職工作之餘，晚上便到舞蹈教室，教授學生們跳舞，一方面可以增加收入，另一方面還可以和人分享自己對跳舞的熱愛。如此一來，是不是一舉多得呢？

欲知一個奄奄一息的愛跳舞上班族，如何利用自己的舞技，到了晚上立刻脫胎換骨成為熱力四射的舞蹈老師，詳情請見本書「CHAPTER 3邊賺邊玩的兼職工作」中的「魅力四射的舞蹈老師」。

現在，就讓我們一起翻開下一頁，進入琳瑯滿目的兼職世界吧！

在看書的同時，別忘了停下來，稍微思考一下，自己是否喜愛這個兼職工作，如果感覺有些心動，一定要立刻著手，讓自己擠身成為閃亮的兼職一族喔！

兼職不但是金錢增加，能力增加
和實戰經驗增加也是很重要的喔！

Contents 目錄

Contents 目錄

第3篇 最快入門的兼職工作 133

Contents 目錄

Chapter 1
最快入門的兼職工作

拋開所有顧慮，丟掉所有門檻限制，想要立即來份餵飽荷包的兼職工作，請翻開『最快入門的兼職工作』吧！

主題性展場解說員

許多說話內容，必須一說再說而不會覺得煩，個性活潑開朗，態度具有親和力與說服力這兩點，是做好這份工作重要關鍵喔！

工作概況

主要工作內容為負責展場內大部分的事情，例如：包括賣場內相關產品的展示、給予詳細解說，以及銷售該公司要推的產品，有時候必須處理報價，或者是更進一步處理客戶訂單……等等事情。有些雜事也必須幫忙，像是主動引導民眾參觀、時時維護展區清潔、導覽展場內相關產品……等等。

一般來說，因為是展場兼職，所以工作總天數通常不會太長，全看展覽天數而決定，有的4天，也有5天，或者是一星期都有。平均一天工作時數，約莫在8個小時或8個半小時左右，中間會有休息的吃飯時間，通常便當由公司提供，不需要再額外付錢，並且享有平安保險。做這份工作最好玩的地方在於——可以看看當代最流行的產品有哪些，只要觀察力夠好，不只了解自己攤位的產品，也可以順便知道整個大會場的產品分布狀況，算是能在短時間之內，快速了解該領域目前的產業狀況。

例如：家具展，則可以從客廳沙發、廚房廚具、餐廳、桌椅、臥室、床鋪……等等，一次完整了解一個家庭可能需要的所有家具。如果剛好遇到要購買家具，還可以趁機在現場馬上貨比三家，再下手購買、搶便宜。

工作甘苦談

不過，這份工作幾乎常常需要站上一整天，對於比較少久站的人而言，將會是一項考驗，常常回家後，雙腳會覺得有些發痠。

還有，因為這份兼職比較不固定，常常經過幾天的工作之後，又要重新再找，才能再次進入展場工作，比較需要多花些氣力在尋找工作這件事情上頭。

❗一定要知道的重要訊息

大約工作時間與時段：必須完全配合展場時間，視情況而定。

收入：有分日薪與時薪兩種，日薪大約九〇〇～一五〇〇元都有，時薪部分則每小時約一〇九元左右，也有聽說有人採底薪加上獎金的制度，收入部分依照各家公司需求而有不同。是否需要相關科系：除非電子產品需要特殊展示，一般像是書展、外賣會並不會特別要求一定要某個科系，當然也有國際型展覽，因為需要外語能力，而提供時薪一百二十元以上的價位。

需不需要證照：不需要。

是否有年齡限制：只要體力好、口才佳，基本上並無年齡限制，不過通常會選擇十八～三十五歲的人擔任此工作。

可接觸到的行業：各行各業，甚至是政府機關與外商公司。

是否需要特殊語言：如果會特殊外語，薪水將可以比別人高一點，或者是比一般人更容易錄取。

什麼樣的個性比較適合這份工作：能言善道，特別喜歡與人接觸與互動的人特別適合，另外也需要不少耐心與客人介紹，許多說話內容必須一說再說而不嫌煩，個性活潑開朗，親和力與說服力常常是重要關鍵。

貼心便利貼

通常展覽都會在假日舉辦，對於一心渴望假日能夠休息的人而言，將會是一大掙扎喔。

金元寶錦囊

如果是一般上班族，想要在假日搶錢，自己幫自己加薪，這樣的工作將是一項好選擇，而且可以自行選擇，並不一定要每個假日都工作，不像有的兼職工作，可是每個假日都要到公司報到喔。

快遞人員

有的快遞員會同時運送不同公司的貨物，除了所任職的公司之外，有的人因為與網路賣家有認識，也會在工作時，順路幫忙運送友人賣場的貨品，另外賺取一小筆收入……

工作概況

主要工作內容：把需要運送的商品，從A的手中，運送到B的手中，如果是運送到府，遇到主人剛好不在家的情況，往往還需要再跑一趟喔。不過，如果對方居住的大樓社區有管理室或警衛室，可以先請他們代收，省去要再來一趟的時間。

工作甘苦談

夏天太熱，常常穿梭在大街小巷裡汁流浹背，冬天太冷，冷風像刀片一樣能刺痛人的臉，遇到下雨天最麻煩，全身狼狽又必須更加小心騎車，以免發生意外。如果遇到貨品太重，而收件者又住在沒有電梯的高樓時，那可真是一場雙腿的耐力賽啊。

一定要知道的重要訊息

大約工作時間與時段：固定排班。

收入：分時薪跟月薪兩種，時薪每小時約一〇九～一三〇元之間，月薪通常底薪不高，採用獎金制，不過加總起來通常會有三萬五到五萬五之間的薪水。

酬勞價位：屬於中低等價位。

是否需要相關科系：不需要。

需不需要證照：不需要。

是否有年齡限制：只要體力好，基本上並無年齡限制。

可接觸到的行業：各行各業，甚至是政府機關與外商公司。

是否需要特殊語言：不需要。

什麼樣的個性比較適合這份工作：積極、耐操、有耐心、能細心確認所有物品是否送達者。

貼心便利貼

如果可以事先規劃好運送的路線圖，節省繞路的時間與體力，將會收到事半功倍之效喔。

金元寶錦囊

有的快遞員會同時運送不同公司的貨物，除了所任職的公司之外，有的人因為與網路賣家有認識，也會在工作時，順路幫忙運送友人賣場的貨品，另外賺取一小筆收入。

通常運送價格都不會太高，卻是一筆很好運用的收入，例如：台北市內的一般貨品，每件運送費用約二十～四十元之間，台北縣約五十元左右。如果量夠多，往往多跑一趟，或者是多繞了一兩條路，便可以有額外的進帳跑進荷包裡喔。

吉祥物布偶

有時候會遇到超級黏吉祥物布偶的小孩，一路牽著吉祥物的大手，始終緊緊不放……

工作概況

出現吉祥物布偶的地方，就會有人潮慢慢聚集過來，有的大人拉著孩子的手，孩子搶著跑去牽「超級可愛」吉祥物布偶軟綿綿的大手，緊接著，現場宛如大明星降臨，大家拿起相機、當場變身攝影師開始猛拍照。吉祥物布偶就是一種可以享受到彷彿明星般對待的兼職工作，不管是在遊樂園裡，還是捷運站的產品發表會、政府宣導活動會場、大企業舉辦活動會……等等，常常都可以看到令人想奔過去沾點喜氣的「吉祥物布偶」喔。

如此受大人小孩喜愛的吉祥物布偶，最重要的任務便是「帶動現場氣氛」！吉祥物布偶其實並不需要做太過複雜的動作，往往只需要稍微扭腰擺臀一下，就會製造出非常可愛的效果。

工作甘苦談

雖然可以稍微享受一下被人群包圍的小小快感，不過吉祥物布偶身上的那身行頭，可是非常可怕的重，平均大約1小時左右，大概便需要換班一下，沒有好體力的人，恐怕是無法勝任的喔！再加上，如果又剛好遇到工作地點是夏天的戶外，站在吉祥裝裡的人，可是很可能會被高溫熱得頭昏眼花吶。

比較好玩的是，有時候會遇到超級黏吉祥物布偶的小孩，一路牽著吉祥物的大手，始終緊緊不放，這時候該選擇在什麼時候放手，就是一個小小的學問囉，否則可是會傷到孩子們脆弱的小心靈喔。這個工作比較單純，也無須經過太多的訓練，通常只要身體夠強壯，耐力好，是非常容易便能上手的工作。

一定要知道的重要訊息

大約工作時間與時段：不固定，必須完全配合活動，視活動情況而定。

收入：每小時時薪約一三〇元以上，也有人可以拿到時薪二百元，還有聽說一整天下來可以賺到二千元薪水的。

酬勞價位：屬於中等價位。

是否需要相關科系：不需要。

需不需要證照：不需要。

是否有年齡限制：只要體力好，基本上並無年齡限制。

可接觸到的行業：各行各業，甚至是政府機關與外商公司。

是否需要特殊語言：並不特別需要。

什麼樣的個性比較適合這份工作：有耐心，活潑，大約知道怎麼跟孩子互動的人特別適合。

貼心便利貼

建議平常就要練好身體，培養自己能夠耐熱的好體質，才能輕鬆升任這份薪水還算優渥的兼職工作喔。

金元寶錦囊

想要從事這項兼職工作，建議可以跟球團聯絡，或是到各大企業與政府機構網站，查看是否有這方面的需求。

每滴汗，都變成一個快樂的微笑！

展覽場地工作人員

有時候可以比一般人更快知道最新產品走向，或者是某一專業時下最流行的是什麼，以及已經發展到什麼樣的驚人地步，是一個很不錯的「專業敲門磚」喔。

工作概況

台灣各地常常都有許多展覽，尤其特別是台北、台中、台南、高雄……展覽更是琳瑯滿目。有展覽，就代表需要短期的展覽場地工作人員，主要工作內容是以協助參觀民眾更加了解產品為主要目的。

例如：講解產品、指導民眾如何使用該項產品、場面控管、收銀……等等。

工作甘苦談

在平常日，展場入場人數會比較少，一到假日，常常會出現人滿為患的大爆滿，這時候的說話音量，就必須比平常高幾度音，有時候一整天下來喉嚨都會變得有些啞啞的。

這部分的工作多在假日期間，需求量會比較大，所以要做這份兼職，基本上是沒有休假的喔。不過，也可以自己安排，不要每個假日都上班，只是當有錢可以賺的時候，常常還是會忍不住往展場方向跑。

一定要知道的重要訊息

大約工作時間與時段：日期須配合活動，視活動情況而定，時段部分通常以一整天為主，上滿八小時，或八個半小時。

收入：每小時時薪約一一〇元以上，一整天下來，日薪大約在一千元左右。

酬勞價位：屬於中低等價位。

是否需要相關科系：不需要。

需不需要證照：不需要。

是否有年齡限制：基本上並無年齡限制，但通常在十八歲到三十五歲之間。

什麼樣的個性比較適合這份工作：活潑開朗、主動積極、樂於大家一起分享新產品，以及喜歡和人有互動的人。

貼心便利貼

雖然只是短暫數天或數月的工作，不過該有的展前訓練、免費餐點、保險福利，可是都不會少的喔。

金元寶錦囊

這份兼職工作的優點，有時候可以比一般人更快知道最新產品走向，或某一專業時下最新流行的是什麼，以及已經發展到什麼樣驚人的地步，是個不錯的「專業敲門磚」。

搬家工人

還可以把別人要丟棄的家俱，經過巧手修補後，轉手再賣，再賺個一小筆幾乎不花什麼金錢成本的收入喔！

工作概況

擁有一副好身體，不需要太大的成本，想要當自己的老闆，平均時薪最好高一點。有沒有這麼好康的兼職工作？答案，還真的有！

搬家工人有分成很多種，例如：有規模比較大的搬家公司、有靠舊客戶口耳相傳的私人搬家團體，也有規模比較小的一人搬家經營模式，但唯一的要求便是「身體要夠好」。

如果是「靠舊客戶口耳相傳的私人搬家團體」，一個月能賺多少兼職外快，通常要看老天爺的面子，一般狀況會需要兩個大男人，彼此互相照應，並帶有滾輪的拖車，在水平面移動時，能夠把重物放在上頭拖拉，可以省不少的搬運氣力。

除了酬勞之外，有時候興高采烈要搬進新家的委託人，會丟掉一些不錯的家具或電器產品，搬家工人可以搶在第一時間接收。如果剛好本身善於修繕，還可以把別人原本要丟棄的家俱，經過巧手修補後，轉手再賣，再賺個一小筆幾乎不花什麼金錢成本的收入！一般狀況來說，如果是一個家庭要搬家，大約必須出動兩個人過來幫忙搬家，外加一台小滾輪拖車，一輛大卡車跟小貨車。

以某位朋友實際個案來看，地點從台北市到淡水，實際工作時間從凌晨六點抵達委託人舊家，八點半離開委託人新家，實際搬運時間大約為兩小時，交通時間約半個多小時，大型家具只有一台冰箱跟電視，沒有沙發、床座、床墊、大櫃子、冷氣機……等等大型家具。

根據以上狀況定價，收入大概可以有三千二百元以上。因為以上的價格算是很公道，再加上，搬家時又非常細心，漸漸的，等名聲傳開後，找上門的搬家客戶可以逐漸變多，一份每個月可以多個萬把塊的兼職工作，收入也能開始步上軌道。

至於「一人搬家經營模式」，通常是針對校區附近的大學生，東西不多，但又無法自行完成的人。這種搬家案子，大多會集中在寒暑假前後，數目不在少數，但是因為東西本來就不多，價錢部份也無法提得太高，如果價錢開得太高，學生會因無法支付，而乾脆請同學們過來幫忙。

不管是規模比較大的家庭搬家，還是東西少少的學生搬家，一直都有他的需求性在，想要賺哪一種錢，除了必須衡量自己的體力外，也要評估一下是否有可以支援的交通以及搬家工具喔。

工作甘苦談

搬家最怕遇到兩件事：下雨天跟沒有電梯的高樓層。搬家雖然是屬於比較好賺的兼職外快，但需要體力的同時，也需要「兩心」——細心與用心。

「必須用心搬」，以免碰壞委託人的寶貝物品，同時也就破壞掉自己在這行業的名聲，尤其是屬於「需要靠舊客戶幫忙宣傳」與「一人搬家經營模式」的兼職搬家人員，更應該好好重視每一次的搬家品質，如果搬得不錯，委託人可是會成為最有力的活廣告喔！

「必須細心搬」，搬家所賺的錢雖然說多不多，但說少也不少，不過，一旦不小心摔了一跤，看醫生的費用恐怕比賺得還少，那可就糟了。

所以，要成為優秀且人人願意幫忙介紹新客戶的搬家高手，一定要記得以上的「兩心」原則喔。

一定要知道的重要訊息

大約工作時間與時段：不固定，必須與委託人互相配合，建議盡量與委託人敲定一個不影響

我們搬的
是別人即將開啟的美好人生！

自己正職工作的時間會更好。

收入：一人兩個多小時約一千六百元以上，有時候委託人會請吃一個簡單餐點或飲料。定價部份視東西多寡、有無大型家具、搬運路途遠不遠、有沒有電梯而定。

酬勞價位：屬於中高等價位。

是否需要相關科系：不需要。

需不需要證照：不需要。

是否有年齡限制：只要體力好，基本上並無年齡限制。

可接觸到的行業：只有委託人，比較少涉及行業方面的接觸。

是否需要特殊語言：不需要。

什麼樣的個性比較適合這份工作：願意吃苦耐勞、要夠細心、動作敏捷。

貼心便利貼

早晨搬完家後，通常還能趕去上班，並不會太過於影響到本身的正職工作，建議可以和委託人商量一個彼此都方便的時間搬家。

除了在早餐店工作以外，搬家工人也是少數可以在正職工作之前，搶先在一大早就有另一筆收入入袋的工作喔。

金元寶錦囊

做好每一次的搬家工作，就是在幫自己做最有效的口碑行銷！

另外，一定要記得搬家前，最好可以先到委託人家裡一趟，完成事前估價跟確認時間的工作喔。

機場接送員

有些人會選在過年時出國旅行，小陳曾經在過年期間，創下賺到二萬多塊的兼職收入，讓全家人過了一個非常開心的好年喔！

工作概況

小陳每天工作時間，固定從早上九點到下午六點，家裡有一輛深色的廂型車，是以前爸爸開麵包店時，所留下來的車子，保養狀況非常好，平常除了拿來載家人出遊之外，也常常被身邊朋友預定為「機場接送專車」。

小陳身邊的親戚朋友們，時常有人出國，相同的，也常常有人回國，有出就有進。比起一般計程車，小陳因為車子夠大的緣故，能夠提供比較大的行李空間，價格也比計程車便宜一～兩成，再加上是自己認識的人，所以身邊許多朋友自己進出國、或是身邊親人進出國時，都會拜託他幫忙來回機場接送。如果遇上不用工作的時段，一般來說，小陳都會答應幫忙。為了善用過年期間的連續假期，有些人會選在過年時出國旅行，小陳曾經在過年期間，創下賺到2萬多塊的兼職收入，讓全家人過了一個非常開心的好年喔！

工作甘苦談

班機時間不固定，有人大半夜出國，也有人一大清早回國的狀況，會稍微影響到睡眠狀況。過年除夕夜圍爐時，也曾經遇過突然一通電話打過來，拜託小陳馬上趕到機場接機的情形。當小陳趕到機場時，卻因為對方班機誤點，足足又多繞了一個多小時，最後才終於把朋友臨時決定從美國回來過年的姪女，順利送到家門口。

不過，在全家團圓的除夕夜，小陳犧牲三個多小時與家人相聚時刻，跑去兼職接機的收穫是——除了車費，朋友還另外包了兩千塊的紅包給他，連姪女的奶奶也偷偷塞給他一個五千元的大紅包，這筆錢，最後變成小陳家過年出遊的開心旅遊基金。

一定要知道的重要訊息

大約工作時間與時段：超級不固定，必須完全配合客戶的班機時刻，有時還會遇上班機誤點的狀況。

收入：平均一趟約八〇〇元以上。

酬勞價位：扣掉成本油錢，屬於中等價位。

是否需要相關科系：不需要。

需不需要證照：駕照。

是否有年齡限制：只要體力好，基本上並無年齡限制。

可接觸到的行業：主要以委託人為主。

是否需要特殊語言：並不特別需要。

什麼樣的個性比較適合這份工作：不怕早起跟晚睡的人、擁有眾多愛出國友人的人、不把這項兼職工作，只是看成單純工作的人，如果可以把這份兼職，想像成能夠讓朋友順利抵達機場、平安回家的服務，將會為自己賺到更多的滿足與好名聲喔。

貼心便利貼

要記得精算一下油錢，千萬不要出了時間跟勞力，卻沒有賺到錢喔。

金元寶錦囊

先把價錢說定，好讓彼此心裡都有底，才不至於彼此有認知上的落差，到時候肥了荷包，卻疏遠了關係可就不好囉。

飯店婚禮臨時人員

因為是喜事慶典上，許多奇奇怪怪的事總會不期然發生，也會出現意想不到的人，相當有意思！

工作概況

小乖是個大學生，有時候下課鐘聲一響，會看見她飛快抓起背包、衝離教室，匆匆趕往某大飯店的忙碌身影，她總說「自己正要去參加婚宴」。只是，同學們都相當不解，小乖每個月至少要去個四次左右，她到底哪來這麼多的親朋好友啊？原來，小乖所謂的參加婚宴，不是去喝人家的喜酒，而是到飯店裡，擔任喜宴廳的服務生。

這份兼職工作通常以工作四小時為單位，如果是請吃晚上的喜酒，工作時間大約就是晚上六點到十點。以一般狀況來說，六點到七點多因為宴席還沒開始，比較空閒，有時候只需站在桌與桌之間，或者是巡桌看看有無賓客需要倒飲料、開酒，然後再把賓客不需用到的酒杯收走，工作簡單而輕鬆。等到宴席真正開始時，才需要開始大量密集上菜、換碗盤餐具，如果遇到比較要求的喜宴，還會被要求需要分菜、殺魚。

工作甘苦談

所謂的殺魚，不是真殺活跳跳的生猛大魚，而是用尺寸較大的湯匙與大叉子，將魚去骨。如果功力到位，賓客有時候還會看得嘖嘖稱奇，很能滿足有表演慾望的人吶！

小乖也有碰過宴席結束後，被賓客要求一起拍張照片合影，也曾在傳說是某位黑道大哥女兒的婚宴上，看見相當著名的影歌星。總之，因為是喜事慶典上，許多奇奇怪怪的事會不期然發生，也會出現意想不到的人，相當有意思。

一定要知道的重要訊息

大約工作時間與時段：時段通常在晚上六點到十點，也有中午宴客的時段，通常在十一點到下午三點。日期則比較不固定，必須完全配合婚宴日期，良辰吉日的那幾天，有時甚至會要工作一整天，通常假日比較會有人舉辦婚宴，所以假日的工作量比平常大一些。

餐桌與餐桌間的圓舞曲
完成別人夢想的同時
也完成自己的夢想

收入：每小時時薪約一一〇元以上，也有人拿時薪一二〇元，甚至更高的人也有，要看不同飯店而定，也有在同一個飯店做得比較久了，就被升時薪喔。

酬勞價位：屬於一般價位。

是否需要相關科系：不需要。

需不需要證照：不需要。

是否有年齡限制：只要夠機靈，基本上並無年齡限制，不過通常以年輕人居多，也有來飯店實習的餐飲科學生。

可接觸到的行業：飯店業、餐廳業。

是否需要特殊語言：不需要。

什麼樣的個性比較適合這份工作：動作快速、喜歡熱鬧氣氛的人相當適合這份工作喔。

貼心便利貼

「殺魚」，需要花點工夫學習。不過，這項工作其實一點也不難，如果遇到需要殺魚的時候，而自己還沒學會，或者根本沒碰過，也不用太過緊張，只要想辦法把魚骨取出即可，一般人做過一、兩次後，就可以從中找到要訣。只是，如果有人天生愛展技，想要多練練此工法者，可以在家拿相關器具練習，但一般來說並不會太過要求。

金元寶錦囊

因為是特殊喜宴的臨時服務人員，小乖所工作的飯店，只要十點一到，主管通常會先把人集中，詢問是否有人願意留下幫忙做完，其餘的人則可以先行離開。

至於留下幫忙處理到最後的人，超過十點以後的工作時間，也是可以領到薪水的喔。不過，是否會給加班費，主要還是以各大飯店、餐廳各自的「德政」。

收銀員

如果動作夠熟練，能把每一個客人的需求都仔細照顧到，在忙完那一陣子過後，心中常常可以浮現「行事多麼流暢」的快感吶。

工作概況

收銀員的主要工作，顧名思義，就是要結帳。只要是店面，便都需要有結帳人員，像是一般便利商店、大賣場、各式餐廳、各種咖啡店……等等。

在不同的店家擔任收銀員，也會有不同的其他工作項日，像是在便利商店擔任收銀員，往往是最忙碌的，不僅要收銀，還要幫忙客人加熱食物、煮咖啡、煮關東煮，另外還需要負責清點貨物，當貨物進來時要盤點，貨物空了要上架……等等，有時候還要小心提防有人偷東西。

尤其是大夜班的員工，除了要一人獨守整個夜晚之外，也比較容易遇到奇奇怪怪的意外。如果是在大賣場擔任收銀員，工作內容便會相對比較單純，不需要像便利商店店員一樣，必須十八般武藝樣樣精通。

工作甘苦談

有時候人潮突然湧進，會忙得手忙腳亂，而且每個客人的需求都不相同，提供的服務內容也不盡相同。除了結帳這樣的基本工作之外，也需要隨時注意加熱的食物是否已經好了，當人潮湧現時，常常需要同時服務好幾個客人，趁咖啡機還在跑，或者是爆米花還在加熱中，可以先幫下一位客人結帳，忙得分身乏術。不過，如果動作夠熟練，能把每一個客人的需求都仔細照顧到，在忙完那一陣子過後，心中常常可以浮現「行事多麼流暢」的快感吶。

一定要知道的重要訊息

大約工作時間與時段：大約工作時間與時段：固定排班，大部分分為早、中、晚班，另外也有假日班與比較忙碌時段的班。

收入：每小時時薪約一〇九～一三〇元左右。

酬勞價位：屬於中低等價位。

是否需要相關科系：不需要。

需不需要證照：不需要。

是否有年齡限制：基本上並無年齡限制。

可接觸到的行業：主要面對各年齡層的客人。

是否需要特殊語言：並不特別需要，但有的會要求懂一點基本英文或日語，但其實阿拉伯數字全世界通用，就算真的不會說，帳單出來外國人也能看得懂多少錢，並不需要太過擔心喔。

什麼樣的個性比較適合這份工作：個性積極、動作快、做事有條不紊、喜歡和人群接觸。

貼心便利貼

在便利商店工作，除了可以用有限的資源，照顧比較弱勢的人之外，現在政府跟超商合作，實施可以給一些孩子們食物的措施，在工作之餘，還可以關心到社會各層面的人，會讓人覺得生命變得很充實喔！

金元寶錦囊

收銀員最重要的工作就是結帳，凡事跟錢有關的事情，都必須特別小心，不管工作再怎麼忙，在經手錢的事情時，一定要非常謹慎小心，如果交班時少了錢，那可是會影響自己的荷包。

「一魚三吃」的咖啡店店員

不管我們是屬於哪一種，總之，這份工作就像「一魚三吃」，只要一腳踏入，除了在能夠賺到收入以外，還可以……

工作概況

到咖啡店兼職，動機可能出現以下幾種：第一，為了增加收入，第二，喜歡咖啡香，第三，喜歡那一份悠閒柔適的氣氛，第四，為了自己也想開一間咖啡店做準備。咖啡店的兼職工作，通常需要煮咖啡、調咖啡、介紹餐點與飲料、收銀、整理桌面，如果不是最後一班的員工，比較少需要做到大量的清潔工作。

工作甘苦談

有的咖啡店是一整棟樓，樓層一到二樓，遇到人多的時候，常常需要跑上跑下跑得腿都變細了不少吶。不過，也有清閒的時候，那時候就可以跟客人或是同事們聊聊天，稍微喘口氣。

一定要知道的重要訊息

大約工作時間與時段：大約工作時間與時段：比較固定，通常是排班制，時間約末在用餐時間，觀光景點地區則是周末兩個整日。

收入：每小時時薪約一〇九元左右，有的老闆會調薪，不過幅度通常不大。

酬勞價位：屬於一般價位。

是否需要相關科系：不需要。

需不需要證照：不需要。

是否有年齡限制：基本上並無年齡限制。

可接觸到的行業：各行各業，比較特別的是會接觸到食品業的廠商。

是否需要特殊語言：並不特別需要。

什麼樣的個性比較適合這份工作：外場人員需要比較活潑一點，樂於溝通，動作比較快的人，在內場工作（廚房或者是站在咖啡機前的人），則是需要能夠專注於煮出一杯好咖啡的人。

貼心便利貼

也許一開始的動機，只是很單純的增加一點額外收入，不過，也有人透過到咖啡店兼職後，便毅然決然跑出去開一間屬於自己的小小咖啡館喔。

不管我們是屬於哪一種，總之這份工作就像「一魚三吃」，只要一腳踏入，往往在能夠賺取收入以外，還可以賺到可貴的工作經驗，說不定哪一天，我們會因為這個契機，而萌生出開店的夢想也說不定喔。

金元寶錦囊

如果自己是屬於「急驚風」型的人，又享受做事可以像流水一樣暢快的人，建議可以選在車站附近，或是商業大樓區，可以體驗外加挑戰一下自己宛如千手觀音般的工作能力。

如果自己是「慢郎中」型的人，請盡量避免以上那些地區的咖啡店，轉而去找街尾巷弄中，或者是著名的觀光景點區，為有耐心等待、想要細細品嘗一杯好咖啡的人，靜心烹調出一杯咖啡珍品吧！

早起的鳥兒有蟲吃——早餐店店員

小美喜歡在一大早就完成工作，這會讓人覺得相當充實！下班離開前，老闆都會要他們自己做一份餐點帶走，一餐的費用就這樣輕輕鬆鬆省下來囉。

工作概況

小美以前唸大學時，只找早餐店的工作，她的想法是：「在課堂中間或是課後兼職，往往會把自己的生活變得太過匆忙，有時候甚至本末倒置，顧到了荷包，卻把自己的本業搞得一團混亂，另外，課後工作也很不妥，當同學相約出去玩時，自己卻要工作，就會感到有點心酸吶～～」小美喜歡在一大早就完成工作，這會讓人覺得相當充實，如果早上有課，她就會把工作時間安排在早上六點到十點，工作四小時，如果下午才有課，便會延長工作時間到中午十二點，甚至是下午一點左右。

工作甘苦談

通常會到早餐店購買早餐的人，大部分不是正要趕著去上課，就是正趕著去上班，如果動作太慢，可是會讓客人不高興的喔。除了需要宛如千手觀音般的快動作，通常一個早上工作下來，身上多少會有一點油煙味，對於對氣味相當敏感的人來說，恐怕會比較不喜歡。不過，個性比活潑、大咧咧的小美，談起這份兼職工作時，絲毫不覺得油煙味有對自己造成太大的影響。

一定要知道的重要訊息

大約工作時間與時段：固定，通常是早上八點左右開始，也有老闆會請員工早一點來幫忙備料。

收入：每小時時薪約一一〇元左右，有的老闆會在一個月或三個月後，自動調整薪水喔，一次調幅大約5元左右。

酬勞價位：屬於一般價位。

是否需要相關科系：不需要。

需不需要證照：不需要。

是否有年齡限制：動作快是最重要的要求，基本上並無年齡限制。

可接觸到的行業：各行各業。

是否需要特殊語言：並不特別需要。

什麼樣的個性比較適合這份工作：想要來一份兼職工作，卻又不希望影響到日常生活的人，很適合到早餐店工作喔。如果我們剛好又手腳動作夠快，這份工作便能輕鬆掌握囉！

每天都要吃早餐，
這就是rock' roll的style!
元
氣

貼心便利貼

在早餐店兼職，跟其他兼職工作最大的不同點，就是——「工作時間」！除了硬逼自己必須比一般人早離開溫暖的棉被時，的確有那麼一點點掙扎之外，只要想到一股作氣起床，就可以賺到一小筆收入，還是有不少人能夠用強大的意志力戰勝懶惰喔。

金元寶錦囊

根據不同早餐店，不同的老闆，有做法相當不同的「德政」。小美很幸運，曾經遇到很不錯的老闆，每次下班離開前，老闆都會要他們自己做一份餐點帶走吃，一餐的費用就這樣輕輕鬆鬆省下來囉。

小小的紅豆餅攤位

小時候愛吃紅豆餅是因為甜，長大後愛吃紅豆餅，是為了回味當時的甜……

工作概況

紅豆餅攤位通常大多沒有一整間店面，只有一個小小的攤位，老闆也不一定會時時刻刻都在現場，尤其當員工對製作紅豆餅技巧純熟後，老闆常常只在交接班時，才會出現一下。少了老闆本人就在現場的壓力，往往工作起來可以更加輕鬆愉快喔。主要工作就是準備材料、有客人上門時製作香熱甜軟的紅豆餅、和客人有些互動，以及一些很簡單的清洗工作。

工作甘苦談

因為沒有店面，如果遇到風吹得特別強、雨下得特別大的時候，往往會有一種淒風苦雨的「風蕭蕭兮易水寒」之慨。不過，每當面前站著睜著大大眼睛，露出一臉渴望的可愛小娃兒時，就會覺得能做這份工作真的很棒，可以滿足小小孩們對甜點的所有幻想，有時候也會讓人忍不住回想起自己小時候的童年。

一定要知道的重要訊息

大約工作時間與時段：大約工作時間與時段：固定排班，上下班與上下課時段購買客人會比較多。

收入：每小時時薪約一一〇元左右，也有人拿到一二〇元以上。

酬勞價位：屬於一般價位。

是否需要相關科系：不需要。

需不需要證照：不需要。

是否有年齡限制：基本上並無年齡限制。

可接觸到的行業：各行各業，主要客源特別是容易嘴饞的小朋友。

是否需要特殊語言：不需要。

什麼樣的個性比較適合這份工作：就算自己一個人靜靜的，也不會覺得無聊到發慌的人很適合這份工作，如果喜歡觀察路上行走的人，可以自己從中找到樂子，那就更適合囉！

貼心便利貼

小時候愛吃紅豆餅是因為甜，長大後愛吃紅豆餅是為了回味當時的甜。不要只是把它當作一份兼職工作，可以想像一下，能夠親手做出自己小時候愛吃的紅豆餅，感覺是不是既新鮮、好玩，又可以賺到錢呢？

金元寶錦囊

有時候賣剩的，或者是賣相比較差的，老闆都會請員工帶回家吃，如果後來吃到膩了，還可以跟親朋好友們一起分享，彼此連絡一下感情。在台灣，幾乎男女老少們對紅豆餅的喜愛程度，都是很高的喔！

車輪餅轉啊轉

轉出溫暖……

也轉出童年回憶……

信用卡業務員

往往只要把自己盡量「往人堆裡紮」，再加上不錯的說服技巧，厚厚的獎金就可以輕輕鬆鬆入袋喔！

工作概況

常常出現在各大賣場門口，或是電影院門口、熱門展覽裡頭……等等有人潮的地方，只需要一張桌子、幾隻筆、一些需要填寫的表格，就可以成為信用卡業務員了。在客戶填寫完資料後，必須再把資料拿回銀行審核，為了增加有效卡數能夠多一點，很多厲害的信用卡業務員，還會隨身攜帶小型影印機，方便他們能夠在現場、立即幫有意願辦卡的客戶，馬上處理好所有細節，以免原本有意願辦卡的客戶，回到家後懶得處理，而錯失一份有效的辦卡數。

如果遇上剛好沒將身分證帶在身上的人，信用卡業務員則會拿一個免附回郵的信封給對方，並同時請上天保佑，對方會記得將資料寄回公司。每張有效的信用卡業績獎金，大約是一〇〇～三〇〇元左右。而且這份兼職並不需要特別的成本，往往只要把自己盡量「往人堆裡紮」，再加上不錯的說服技巧，厚厚的獎金就可以輕輕鬆鬆入袋喔。

工作甘苦談

有時候突然的颱風下雨，會讓駐點在騎樓下的整桌資料，頓時張牙舞爪、滿天飛舞，甚至是淋濕資料。如果剛好都駐點在戶外的攤位，夏天時，會令人感到悶熱難耐，冬天時，則又被冷風吹得直打哆嗦。如果很幸運駐點在室內，像是大賣場入口處，則不一定會需要忍受風吹日曬的磨練。這份兼職工作雖不至於需要卑躬屈膝，卻也是一份需要勤費口舌的工作，熱情跟有幹勁常常會給自己來帶來好績效喔。

一定要知道的重要訊息

大約工作時間與時段：大多不固定，必須隨著人潮而改變，畢竟有人潮，才有客戶！像是駐點在賣場的人員，可能就得依照賣場的營業時間，電影院……等等。夜晚才比較有人出沒的地方，則會在下午開始擺攤，一直到最後一場電影開演前，通常晚上10點左右便會收攤。

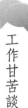

收入：通常以抽成的方式，平均一張成功申辦的信用卡，可以抽一〇〇~三〇〇元左右的獎金，不過也要視各家銀行而定。

酬勞價位：屬於中等價位。

是否需要相關科系：不需要。

需不需要證照：不需要。

是否有年齡限制：只要體力好、口才佳，基本上並無特殊的年齡限制。

可接觸到的行業：各行各業的人，通常會因駐點地點而有所不同，不會針對某一個行業。

是否需要特殊語言：如果會台語，將會有助於這項兼職工作。

什麼樣的個性比較適合這份工作：能夠見人說人話，如果能夠特別擁有，會讓某一族群喜愛自己的特質，則可以專供這個族群出入的場所，例如，忠厚乖乖男，可以設點在婆婆媽媽比較多的大賣場，相信阿姨們都會非常樂意聽你說話的。

貼心便利貼

如果掌握其中門道，並不一定要死守著某一家銀行，可以同時承辦不同家的銀行喔。

金元寶錦囊

如果申辦該卡的贈品異常誘人，通常只要以此作為推銷的賣點，就可以等著獎金輕鬆入袋囉！

電訪人員

只需一個轉念，R後來在這份兼職一做，便長達六、七年之久。心不隨外物而打轉，是做這份工作的必備武器喔。

工作概況

五點半下班時間一到，R立刻快手快腳收拾皮包，「刷！」的一聲站起身，雙腿往外一奔，立即衝出公司。R在街上買了自己愛吃的「點心式晚餐」，有時候是一袋香噴噴的滷味，有時候則是特色小吃。當R趕到下份兼職工作公司時，往往還有一些時間，可以把晚餐從容解決掉，順便和早上正職電訪人員作交接班的小討論。

工作內容很簡單，只有三個字：打電話。因為是兼職人員的身分，沒有正職人員的壓力，工作內容只需把早班正職人員沒打完的電話打完，或者是對方表示晚上比較方便接電話的案子訪問完，有時候則會被要求進行「複查」的工作。所謂「複查」的工作，其實就是確認問卷調查的「有效性」，對於已經完成的問卷，再次抽問，檢驗受訪者是否有隨便回答，或者亂作答的情況，以確保問卷品質。正職的電訪人員是有業績壓力的，不過，兼職人員可就比較沒有這一層壓力喔。

工作甘苦談

做電訪這份兼職工作，最累的其實不是身體，而是心。例如：常常會遇到被人掛電話、被誤以為是詐騙集團而態度極不友善……等等狀況，這些事情在做電訪時，是很尋常的狀況。

R表明，在一開始的時候，被人用力「啪」的一聲掛斷電話時，心情的確會很不好，所以做這份兼職工作，必須比一般工作更具有「調適能力」才行。雖然工作時，可以很安逸地坐在辦公室裡，最重的東西，往往就是手中的話筒，但心裡承受的攻擊可不小喔。

一定要知道的重要訊息

大約工作時間與時段：大約工作時間與時段：固定，通常是晚上六點到九點。

收入：每小時時薪約一一〇元以上，如果做得夠久又夠好，時薪可以提高到三〇〇元以上喔。如此換算下來，一星期工作五天，一個月大約可以多出約七千多塊的收入，經過幾年努力工作，老闆逐漸看重R，每個月兼職收入快直逼兩萬塊錢喔！

酬勞價位：屬於中等價位。

是否需要相關科系：不需要。

需不需要證照：不需要。

是否有年齡限制：只要口才好，心態健康，並無年齡限制。

可接觸到的行業：一般受訪民眾。

是否需要特殊語言：並不特別需要。

什麼樣的個性比較適合這份工作：很會調適自己內心狀態，不會被人粗魯對待便心靈嚴重受創的人，喜歡溝通，越挫越勇的人。

貼心便利貼

被人掛電話的心靈創傷，隨著日復一日的工作，漸漸的，R自己就調適過來了，把這些一定會面臨到的事情，定義成工作的一部分，就像在醫院工作，必須要比一般人更能看透生死……等等，只需一個轉念，R後來在這份兼職一做，便長達六、七年之久。心不隨外物而打轉，是做這份工作的必備武器喔！

金元寶錦囊

R的時薪上升速度很快，有很大的原因是因為「用心」。如果遇到受訪對象表示需要更晚一點，才方便接電話，R就會自動把工作帶回家，在對方指定的時間點，再打電話過去。

如果原本是抱著刻意刁難的人，一感受到訪問者的誠意，往往也會耐住性子，幫忙完成問卷。R常說，人跟人之間的互動就是這麼奇妙，有時候只要感受到一點點誠意，原先不樂意幫忙的事情，到後來都會願意撥出一點時間幫忙完成。而這一點，就是讓R老闆屢次加薪的大秘訣喔！

蛋糕店店員

做這份工作的要點不在「快」，而是要夠「細心」喔！而且也不用風吹雨淋，通常蛋糕店都會裝潢的美美的，算是工作環境優良的兼職工作。

工作概況

根據小花到蛋糕店的工作實錄裡，一般工作內容大約是整理店裡清潔，可能會被要求掃地、拖地、擦玻璃。蛋糕進貨時，需要一一盤點做紀錄，然後就是把蛋糕遵照「新的放裡面、舊的放外面」的準則，整理好即可。基本工作其實並不多，比較重要的是當客人上門時，要能夠跟客人介紹蛋糕，不僅要了解每一款蛋糕的內容物，還要分享吃起來的口感，這些都是很重要的推薦內容喔。

工作甘苦談

正因為吃過才會更加感同身受，所以有時會碰上從天空掉下「能夠免費吃到蛋糕」的機會，像小花就曾經利用午餐費（通常是八十元），不吃便當，選吃店裡的蛋糕，還可以挑蛋糕師傅最新完成的「超激新鮮蛋糕」來品嚐。其實要做好這份工作並不難，小花的方法是一天吃一塊蛋糕，通常只要把蛋糕從頭到尾吃過一遍，就能輕鬆跟客人分享蛋糕的美味囉！做這份工作額外的好處之一，就是小花後來到其他蛋糕店購買蛋糕時，不一定把蛋糕吃進嘴巴裡，才能知道蛋糕到底夠不夠新鮮，有時候只憑看蛋糕外觀本身，就可以判斷那間蛋糕是否夠新鮮喔。

一定要知道的重要訊息

大約工作時間與時段：有的有固定班表，有的蛋糕店則可以跟店長討論，通常會盡量在「店裡來客量比較多」與兼職人員方便上班的時間之間，做出一張時間表。

收入：每小時時薪約一一〇元左右。

酬勞價位：屬於一般價位。

是否需要相關科系：不需要。

需不需要證照：不需要。

是否有年齡限制：基本上並無年齡限制。

可接觸到的行業：各行各業的客層，不過，也可能會需要面對糕點師傅。

是否需要特殊語言：並不特別需要。

什麼樣的個性比較適合這份工作：喜歡吃蛋糕的人、可以把蛋糕的滋味形容得活靈活現者，或者生性活潑、喜歡與人互動的人都很適合喔。

貼心便利貼

在許多兼職裡，這份工作算是消耗體力比較少的工作，不像在餐廳工作，需要端盛裝了美食的重盤子，也不用風吹雨淋，通常蛋糕店都會裝潢的美美的，算是工作環境優良的兼職工作。

做這份工作的要點不在「快」，而是要夠「細心」喔！像是客人如果訂製了蛋糕，別忘了要放足對方需要的盤子數量、生日蠟燭也不能拿錯……等等小細節。

金元寶錦囊

在上班時間上，有的店採取每周固定哪幾天上班，上班哪幾個小時，有的蛋糕店則會採取每個月都調整一次，要視不同經營者而定。站在員工的立場，自然會比較希望採取固定的工作時段。

一來自己可以再安排其他工作，或者休閒活動，二來當月收入多少，比較有一定的收入，不會老闆這個月少排自己的班，當月的兼職薪水就變薄了。

晚班留守人員

如果一到六都有去上班，一個月平均收入可以多出一萬多塊，對一個月月薪兩~三萬的人來說，已經是半份的月薪了，相當滋補喔！

工作概況

K是在自己學校網路留言板上，看到這份畢業學長放上來的「肥差」，自此以後，這份兼差工作是K唸大學時的生活費來源，也是畢業後與正職工作銜接期的重要收入來源，更是正式踏入職場後，一份優渥的額外收入。

K的工作內容很簡單，主要負責是公司所有員工下班後，負責「開卡」這個動作。公司與手機業者合作多功能服務，在客戶買了手機後，只需再額外購買這個產品，另外每個月固定繳交一小筆費用，就可以享受到以下幾種服務：例如把車停在路邊，卻忘記停在哪裡時，可以使用這個服務，很快就能收到愛車所在位置的地圖；當有人對自己的愛車動手動腳時，以往車子會發出吵鬧的聲響，車主卻不一定能夠聽見，使用該服務，車主則會能立刻收到簡訊通知。因為通訊業者晚上十點才下班，故需要一名晚上七點到十點，留守在辦公室裡的人，這個人，就是K。

工作甘苦談

工作內容簡單，有時候一個晚上只有一、兩個案子進來，開卡動作也很簡單，一個案子大約十分鐘就可以處理完成。其餘時間K都用來唸書，K常笑說，自己兼職後，功課不但沒有退步，反而還大大進步了。和工作內容做比較，這份工作時薪算很不錯，重點是又可以在沒案子進來時，唸自己的書，有時候K還有種老闆花錢請自己來唸書的錯覺。

一定要知道的重要訊息

大約工作時間與時段：固定，星期一到星期五晚上七點到十點，星期六早上十點到下午六點。

收入：每小時時薪約一二〇元。

酬勞價位：屬於中等價位。

是否需要相關科系：不需要。

需不需要證照：不需要。

是否有年齡限制：無年齡限制。

可接觸到的行業：公司內部員工與手機業者。

是否需要特殊語言：並不特別需要。

什麼樣的個性比較適合這份工作：基本上這份兼職工作並不需要面對人或推銷，只要把簡單的開卡動作做好就可以囉。

貼心便利貼

K很愛這份兼職工作，對K而言，做這份工作時，主要重點是人要在公司裡，可以隨時幫忙做開卡動作。其餘時間K可以做自己的事，整個辦公室內沒有老闆監督，沒有壓力，只要做好開卡的事情即可，簡單又輕鬆。

金元寶錦囊

以一天三小時，一小時一二〇元計算，一個月約有七千塊左右的收入，再加上星期六的八小時，也快有四千元的收入。如果一到六都有去上班，一個月平均收入可以多出一萬多塊，對一個月月薪兩、三萬的人來說，已經是半份薪水，相當滋補喔！

科技展導覽人員

遇到聽得津津有味的孩子，正一臉驚奇地看著展品，甚至搶著想要自己動手體驗看看，這時候莫大的滿足感，可是會從體內大大迸發出來！

工作概況

每到了寒暑假，總是會有特別多的展覽會盛大舉辦，特別是在假期又特別長的暑假。朋友小可總是會在快要放暑假前兩、三個月，甚至是更早，便開始上網瀏覽非正職的工作，最好工作能密集分布在整個暑假更好，這樣才不會浪費任何一丁點時間。

有一年，小可很幸運的從網路上得知，一個剛好在暑假期間開始的科學展，於是便立刻投履歷過去，因為他先前曾經參加過校內的服務性社團，有過與孩子互動的經驗，在經過面試後，很快便入取了。暑假時，小可幾乎天天都到該展覽會場報到，平均一個月休假4天，六、日人潮正多，不能排休假。這份工作佔滿小可整個暑假時間，等開學回到學校時，戶頭裡增加將近四萬多塊的收入。因為能夠準時下班，小可為了多賺一點錢，晚上又兼了一份工作，硬是把自己的暑假，換成六、七萬塊錢的收入。

在展覽會場裡工作，有保險與免費的午餐，不過說免費的午餐並非事實，通常餐費都包在這種案子的預算裡，平均每人約八十元左右。有的承辦廠商會欺負學生不懂，如果有學生沒吃到八十元，也不會將錢退還，直接充公去了。幸好，小可遇到不錯的組長，鼓勵大家中午餐費盡量點到八十元，才不會白白喪失自己的權利，如果遇到剩餘的錢比較多時，還會再搭配一杯好喝解渴的飲料，總之，不會讓已經開下來的預算，又流回公司的口袋裡。

工作甘苦談

工作內容主要是利用展場上的器具，向孩子們介紹一些科學理念，平常日人通常比較少，遇到人多的假日，如果又被排到在比較「熱門」的展品前，可是會講到口乾舌燥、喉嚨沙啞喔。在向觀眾導覽時，有時候帶著滿腔熱血靠近觀眾，結果卻遇到想要自己觀看的民眾，這時候就會有一種熱情被澆熄的感覺。但也常常可以遇到聽得津津有味的孩子，正一臉驚奇地看著展品，甚至搶著想要自己動手體驗看看，這時候莫大的滿足感，可是會從體內大大迸發出來吶！

一定要知道的重要訊息

大約工作時間與時段：大多白天9點到下午5點左右，也有的展覽會採彈性制，將所有人力分成兩班，一班從早上9點到下午5點，另一般則從早上10點半到下午6點半。

收入：每小時時薪約一一〇元左右，也有的會算日薪，雖然時薪不高，日薪有時候還比以時薪計算低一點，但因為是整個暑假都有的工作，所以「每月」領得總數便十分可觀，通常會固定5號或10號發薪匯款。

酬勞價位：屬於低等價位。

是否需要相關科系：不需要。

需不需要證照：不需要。

是否有年齡限制：基本上，通常會是大學生18～25歲左右的年齡層，剛好也符合暑假的時間點。

可接觸到的行業：行銷整合公司與展場設計公司。

是否需要特殊語言：並不特別需要，但如果會英文會更好，不過徵選單位並不會特別面試英文，畢竟類似的展覽，主要是要介紹科學理念給自己本國的孩子們了解。

什麼樣的個性比較適合這份工作：喜歡小孩子，樂於跟人分享自己懂得的知識，有耐心，活潑開朗的人，常常可以讓現場high到快要爆炸。

貼心便利貼

每當寒暑假來臨前，如果想要好好賺上一筆，又不想吹風受苦，建議可以在假期來臨前的2～3個月前，就開始積極上網找兼職工作，一般求職網站會有很多兼職工作。

金元寶錦囊

從自己學校的BBS版，或是別所大學的BBS，也要開始上去瀏覽，說不定超棒的好工作就在裡頭，等著我們去挖寶！

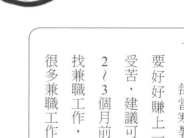

DM發送員

DM成功發送出去的要訣：微笑、坦蕩、真誠。微笑要甜，如果能夠與對方視線相交，通常對方就很難拒絕掉這張廣告單。

工作概況

走在路上，時常可以看見有人把一張廣告單，伸到我們眼皮子底下，這就是ＤＭ發送員最主要的工作。通常會需要先到公司行號、補習班、舉辦活動的主辦單位拿廣告ＤＭ，通常會是以幾箱，或者是幾捆來計算，接著，再到要求的地點發送，等到發送完後，再回到原公司行號，領取現金薪水。

工作甘苦談

這份工作比較累的是「雙腳」，因為必須一直站著，除此之外，最辛苦的不是肉體，而是「脆弱的心靈」。有些生性害羞或內向的人，比較難主動跨出第一步，好不容易怯生生的將單子遞出後，步伐匆匆的路人不是直接忽略，就是瞬間彈開不拿。很多人的心靈會因此感到小小受傷，至於傷重程度，雖分成不同等級但同樣受創。不過，也有許多令人真想拍案叫絕的DM發送員，一站上指定地點，手捧厚厚一疊DM，只見他花蝴蝶似的，在原地轉了幾圈之後，那疊厚紙轉眼間便消失不見！更驚人的是——居然還有人上前要求拿一些，回去辦公室「幫忙發」。

一定要知道的重要訊息

大約工作時間與時段：不固定，比較彈性，比較能夠選擇自己方便的時間。

收入：每小時時薪約一〇九元以上。

酬勞價位：屬於一般價位。

是否需要相關科系：不需要。

需不需要證照：不需要。

是否有年齡限制：基本上並無年齡限制。

可接觸到的行業：各行各業，主要是行銷公司，或是公司行號本身。

是否需要特殊語言：並不特別需要。

什麼樣的個性比較適合這份工作：個性熱情且活潑，一點也不覺得主動出擊，會讓人很彆扭的人，最適合了！

貼心便利貼

為什麼有的DM發送員，發起DM來就像如魚得水一般順利無礙？關鍵點就是：調整好自己的心態，再上戰場。請試著想像一下，每當我們走在街上時，什麼樣的人把DM放到我們眼皮子底下時，我們會乖乖伸手去拿？這個，就是能夠輕鬆把DM，成功發送出去的要訣喔！

金元寶錦囊

DM成功發送出去的要訣：「微笑、坦蕩、真誠。」微笑要甜，如果能夠與對方視線相交，通常對方就很難拒絕掉這張廣告單。

除了廣告單以外，有的廠商很聰明，會發送試用包或衛生紙，有時候只要發送個幾分鐘，許多人看見正在發送試用包，還會主動自己過來拿！

Memo

Chapter 2
需特殊技能的兼職工作

除了勞力能賺錢以外，自己的聲音、對數字的駕馭能力，懂得某種樂器……等等，都可以為我們帶來一筆不少的收入。

美聲人員

建議平常可以多練習自己的聲音，不管是裝可愛或是裝老人都很不錯，另外，如果會模仿知名藝人們的聲音，也會對自己的荷包有很大的幫助喔！

工作概況

「爸爸，手機響了，你快點接，快點接啦！」在人手一機的年代，手機鈴響再也不是單調的嘟嘟聲，或是涼涼聲，而是一塊充滿商機的時代新領域。

除了手機來電鈴聲外，電信公司還提供許多語音服務，有情色故事、星座命理……等等，語音產品琳瑯滿目。

ＩＶＲ線上語音服務公司，需要如此多的語音檔，相對的，就需要許多有特色的聲音，來幫忙錄製這些內容。於是，一批專門錄製ＩＶＲ音檔的兼職工作，便由此而生。除非特殊需求，否則口齒清晰、聲音具有表情，便是能不能勝任這項兼職工作的兩大要點。

工作甘苦談

大部分錄製的內容都很正常，但也有時候會被要求錄製一些比較情色的內容，甚至是呻吟，錄音者可以選擇要不要錄這些音檔。另外，有人天生一看到麥克風就緊張，必須先克服自己的心理障礙後，才能在錄音室裡有比較自然又討喜的表現。

一定要知道的重要訊息

大約工作時間與時段：一般上班時間。

收入：時薪約在一五〇元以上，如果是特殊聲音，則可以提高到二〇〇元以上。

是否需要相關科系：一般狀況沒有特別限制，不過有時候會希望由大傳相關科系畢業者尤佳，但是一般人也可以應徵，其實聲音有無特色與科系之間相關並不大，可以積極前往應徵。

需不需要證照：不需要。

可接觸到的行業：電信業與手機加值服務內容供應商。

是否需要特殊語言：並不特別需要，但最好會台語。

什麼樣的個性比較適合這份工作：活潑積極、願意不斷嘗試、面對麥克風不緊張、有表演慾望的人。

貼心便利貼

建議平常可以多練習自己的聲音，不管是裝可愛或是裝老人都很不錯，另外，如果會模仿知名藝人們的聲音，也會對自己的荷包有很大的幫助喔！

金元寶錦囊

工作機會可以瀏覽網路，也可以多到系辦詢問，有時候廠商會直接把工作機會交由系辦助教代為宣傳，不過，廠商通常會找上門的科系多為大傳……等等相關科系。

操算數間公司帳目的會計

根據春瑩最高紀錄，曾經同時做五間公司的會計，加上自己正職的薪水，可以月入十萬元不成問題。

工作概況

在食品業擔任會計的春瑩，身負好幾份兼職工作。不過，她並不需要在下班後，匆匆趕往另外一間公司打卡上班，也無須花費時間跟精力，學習新的技能來做好兼職工作。春瑩的兼職工作，還是會計，不過形式卻跟公司不同。有的公司為了節省人力，再加上公司內部作帳簡單，沒有時效性，也沒有太過複雜的外帳時，就會將會計這一職務外包出去。

工作甘苦談

在同時做五間公司會計的時候，曾經忙到睡眠時間都不太夠，後來因為熟練，才在工作與生活之間取得平衡點。

一定要知道的重要訊息

大約工作時間與時段：大部分可以帶回家作業，工作時間相對的很自由。

收入：每間公司給薪不同，價錢約在五千到一萬五之間。

酬勞價位：屬於高等價位。

是否需要相關科系：有的會要求要會計系畢業。

需不需要證照：如果已經擔任某公司的會計，通常不會被要求要有證照，但如果有會計師執照會更好。

是否有年齡限制：無年齡限制。

可接觸到的行業：各行各業。

是否需要特殊語言：不需要。

什麼樣的個性比較適合這份工作：細心，而且對數字敏感度高的人尤佳。

貼心便利貼

春瑩一人肩負好幾間公司的會計，有的公司透過親朋好友介紹，有的則是自己上網去找，不同的公司，相對也有不同的合作方式。

有的公司會希望，她六日能到公司一趟，處理所有會計事宜，有的則需要她到公司一趟，把相關資料帶回家做完即可。

金元寶錦囊

根據春瑩最高紀錄，曾經同時做五間公司的會計，加上自己正職的薪水，可以月入十萬元不成問題。

告別式樂師

以一場一千元來計算，這份兼職工作居然可以高達三～四萬元，尤其又在過年前的用錢時分，對不少人來說，這可是很好用的一筆額外收入喔！

工作概況

現在很多喪禮上的音樂，大多採用「現場演奏」國樂的方式，於是不少國樂系的學生，便可以利用這項技能來兼差賺錢。這份工作通常需要五個人組成一個團體，每場需要演奏的時間，大約需要兩～三小時左右。

曲目通常有所分別，男的往生者演奏「老父」，女的往生者則演奏「家後」……等等，有時候也會演奏往生者喜歡的歌曲，像是「落雨聲」、「車站」……等等。

工作甘苦談

做這份兼職，情緒方面比較敏感的人，也許會變得比較容易心有所感而掉眼淚，但是，通常經過一段時間的調適後，就會比較習慣。就像在醫院工作的人一樣，對於生與死的議題，會比較容易看得透，也比一般人更加能夠體會到世事無常。

一定要知道的重要訊息

大約工作時間與時段：不固定，必須完全配合喪禮而定。

收入：每場需要演奏的時間，大約需要兩～三小時左右，一次約一千元酬勞。

酬勞價位：屬於中高等價位。

是否需要相關科系：不需要，但一定要會相關樂器。

需不需要證照：不需要。

是否有年齡限制：基本上並無年齡限制。

可接觸到的行業：喪葬業。

是否需要特殊語言：並不特別需要。

什麼樣的個性比較適合這份工作：需要會「大提琴手、古箏、笛子、Keyboard、二胡」其中一項樂器，以及把生死看成尋常事的人。

貼心便利貼

做這份工作時，有一點一定要特別注意，那就是對死者，一定要有禮貌，不可冒犯到對方。

例如，如果不小心擦撞到棺木，應禮貌道歉，說話也盡量不要像平常生活那樣百無禁忌喔。

金元寶錦囊

在比較適合舉辦喪禮的日子，有時候會出現一天必須連趕四場的滿額行程，尤其是台灣人在這方面有許多忌諱，也會造成某個月分喪禮較多的情況，例如：過年前。

在台灣，過年前會有很多人急著出殯，如此一來，常會發生短短一個月，便有三十到四十場的喪禮需要演奏。以一場一千元來計算，這份兼職工作的月收入，居然可以高達三到四萬元，尤其又在過年前的用錢時分，對不少人來說，這可是很好用的一筆額外收入。

殯葬化妝師

殯葬化妝師這份工作的意義，是希望往生者在離開人世、入殮時，可以漂漂亮亮地走完人生最後一段路。

工作概況

電影「送行者」裡頭，那個一般人很少有機會接觸到的行業，便是殯葬化妝師。基本上化妝產品與市面上販售的化妝品是一樣的，並無特殊工具，不過，為了表示尊重，殯葬化妝師工作時，會把給往生者的化妝品分開，不會和一般人混在一起使用。

在工作時，所有工具要先一一消毒，才可以拿來畫另一具大體，基本上，粉撲都會是新的。因為工作的特殊性，要特別注意到一點，一定要尊重往生者，不可以抱持隨便態度，或者是舉止輕浮。

最主要的工作流程：首先，必須先有工作人員，幫忙清洗大體，然後穿上事先準備好的壽衣，最後才是化妝。以一般狀況而言，女性完成一個妝，大約需要三十分鐘左右，男性比較快一點，只需要打上很淡的粉底，再加上一點口紅即可，約莫十五分鐘。

工作甘苦談

舉辦喪禮需要看日子，往生者入殮同樣也是要看時辰的。如果時辰剛好選在清晨的話，殯葬化妝師就必須天還沒亮，就過來幫大體化妝，有時候也有可能是大半夜，時間相當不固定。

一定要知道的重要訊息

大約工作時間與時段：不固定，必須完全配合喪家情況而定。

收入：純化妝，不須縫補，大約三千元左右。

酬勞價位：屬於高等價位。

是否需要相關科系：不需要。

需不需要證照：需要，勞委會於九十七年十一月舉辦「丙級技術士考試」，包括遺體美容、禮儀師、喪禮司儀都需要考證照，這就是所謂的「喪禮服務」的「丙級技術士考試」，只要年滿十五歲，或是國中畢業都可以報考，對於這方面人員的需求量很大。

是否有年齡限制：只要有相關執照，基本上並無年齡限制。

可接觸到的行業：以殯葬業為主。

是否需要特殊語言：不需要。

什麼樣的個性比較適合這份工作：膽子比較大、對生死之事較心無罣礙的人比較適合。

貼心便利貼

殯葬化妝師有時候會遇到往生者家屬有特殊妝容的要求，像是希望盡量自然就好、能夠越漂亮越好，也有往生者喜歡特殊的妝扮，殯葬化妝師都會盡量做到最好。

金元寶錦囊

兼職當主持人，可以跟公關公司長期合作，以穩定案量，殯葬化妝師則可以選擇和禮儀公司合作。平均一個月，大約可以服務六個左右的案子，如果是和禮儀公司合作，則由禮儀公司付殯葬化妝師費用，如此換算下來，每個月大約能夠多個一萬八左右的收入，幾乎已經是半份薪水的收入喔。

活動主持人

這份兼職工作，外表必須光鮮亮麗，而且私底下應做的功課，一點也不能少喔！只要自己表現夠好，不怕沒有出頭的機會。

工作概況

音樂廳演唱會、尾牙、產品發表會、園遊會、大賣場活動……等等，這些需要熱鬧開場的場合，往往都需要一名厲害的主持人來撐場面。

這些場合有大有小，也需要面對各式各樣的群眾，所拿的主持費用，當然也會依照不同場合而有所不同。這些需要主持人串起整場氣氛的場合，小到結婚喜宴與各式派對，大則像是大企業的尾牙、政府舉辦的大型活動……等等，不勝枚舉。也有人選擇長期跟一些公關公司合作，以確保案源可以更穩定一些。

工作甘苦談

這份兼職工作，外表必須光鮮亮麗，而且私底下應做的功課，一點也不能少喔！例如：需要「熟悉與客戶相關的所有資訊」，如果是尾牙會場的話，屬於這間公司的發展脈絡、風格文化，還有品牌精神都很重要，需要事先做足功課，另外，像是公司的輝煌事蹟、董事長的經營理念與願景，以及重要領導人的姓名、大約生平最好都要有粗略的了解。如果遇到自己完全不熟的專業領域，則必須小心考慮是否接案，以免賺到了這場的費用，卻折損了自己的名氣喔。

站在台上主持時，必須要先熟知所有活動流程，講話要盡量幽默，有些場合說點台語可能更能打動人心，就必須適時加入當地語言。身上的服裝必須合宜，不能太過突兀，說話聲音要像在說故事一樣，要有高低起伏、抑揚頓挫，能夠帶動現場氣氛和展現台上應變能力，是能不能做好這份兼職工作的重要關鍵。

一定要知道的重要訊息

大約工作時間與時段：不固定，必須完全配合活動，視活動情況而定。

收入：比較小型的場合，一場大約五千元到一萬五元左右，婚宴則有八千元左右的價碼，稍微正式的場合，比較慎重且有點規模的約兩萬元左右。不過，也有數十萬的高價主持費用。

酬勞價位：屬於高等價位。

是否需要相關科系：不需要。

需不需要證照：不需要。

是否有年齡限制：只要口才好，基本上並無年齡限制。

可接觸到的行業：各行各業，建議可以跟公關公司合作。

是否需要特殊語言：並不特別需要。

什麼樣的個性比較適合這份工作：樂觀開朗、反應快、口才好，最重要的是要不斷自我學習，說話幽默風趣的人最為適合喔。

貼心便利貼

主持人的說話功力、觀眾緣、帶動現場氣氛能力與名氣，是決定費用多寡的重要關鍵之一。有的人主持一場，可以拿十萬塊的酬庸，是一門可以考慮長期經營的兼職工作，只要自己表現夠好，不怕沒有出頭的機會。

金元寶錦囊

建議可以為自己量身打造出，屬於自己的個人風格，例如：專門帶動現場氣氛型、學術討論善於發問型、音樂底子雄厚型、對時尚產品如數家珍型、善長玩遊戲型……等等。勤做功課、打造屬於自己的各人主持風格、千萬不要得罪客戶，都是邁向高額主持費的不二法門喔。

企業講師

站在台上時，除了說話內容必須夠吸引人之外，自己本身對這些事物的個人觀念，也會是一大賣點。另外，如果能再搭配上適當的肢體語言、與台下熱烈的互動，以及吸睛的簡報，都會為自己的講授大大加分喔。

工作概況

站在台上，對台底下某一家企業的員工們，講授各式各樣的課程，例如專業的課程有：企劃案撰寫到執行、品牌經營理論與實務……等等。也有比較軟調的課程，例如：應該如何打理自己的服裝儀容、如何說話最得體、懂生活比過生活更重要……等等。工作內容不只有上台說話的那一、兩小時，事前的準備工作與台風練習，也是相當重要的喔。

工作甘苦談

一個人站在台上，如果台底下的人出現昏昏欲睡，或是露出一臉不耐煩的樣子，對台上的講師來說，可是會非常受傷的喔。如何在「專業」跟「有趣」之間取得平衡，是非常重要的，另外，也要積極訓練自己怎麼說話，才可以讓自己更加言之有物之餘，還能幽默呈現，吸引台底下每一雙耳朵尖尖豎起……

一定要知道的重要訊息

大約工作時間與時段：不固定，通常必須視活動情況而定。

收入：每小時時薪約一千六百元到一萬五，差距非常大，可以邊戰邊走，不斷累積自己的經驗值與知名度。

酬勞價位：屬於高等價位。

是否需要相關科系：不需要。

需不需要證照：不需要。

是否有年齡限制：無年齡限制。

可接觸到的行業：各行各業，甚至是政府機關與外商公司。

是否需要特殊語言：對象通常是國內企業員工，故並不特別需要。

什麼樣的個性比較適合這份工作：善於分享、態度積極、口才幽默又犀利、不斷接收新知、不斷一直進步的人。

貼心便利貼

要成為一名講師並不容易，通常必須對某個領域有一定的了解程度，如果能再搭配上豐富的實務經驗將會更棒！

站在台上時，除了說話內容必須夠吸引人之外，自己本身對這些事物的個人觀念也會是一大賣點。另外，如果能再搭配上適當的肢體語言、與台下熱烈的互動，以及吸睛的簡報，都會為自己的講授大大加分喔。

金元寶錦囊

這是一個可以慢慢發展的事業，做講師這份工作，想要年薪百萬並不是一件困難的事情。不過，必須要思考一件事，自己如何在同業中脫穎而出」，除了夠「專業」之外，能夠「獨立思考，擁有自己個人觀點也是非常重要的一環。

寵物的暫時媽咪

有些貓咪有特殊癖好，可以在每次迎接小貴賓入住時，多向主人詢問徹底，如此一來，才可以事半功倍喔。

工作概況

在自己出遊或出差時，並不是每一位寵物的主人，都喜歡把自己的寶貝寵物關在一方小小的籠子裡，也就是所謂的寵物旅館喔！於是，一直很喜歡動物、出門身上總是會隨時攜帶貓罐頭的可可，給自己想出了一個時間由自己控制的賺外快好方法。那就是當——寵物們的「暫時媽咪」。寵物暫時媽咪需要包辦寵物的所有大小事宜，舉凡吃飯、睡覺、清潔、身體狀況都需一一照料到。不過，這些工作對可可來說，不太像是工作，反而比較像在養貓咪，雖然跟每隻貓咪的相處時間並不一定很長，但有時候也會發生再續前緣的例子喔。

工作甘苦談

萬事起頭難，一開始在迎接第一個案子時，總是需要費比較多的心思來籌畫，等到做出口碑後，案子才會源源不絕而來喔。

喜歡貓咪的可可，自己原本養了兩隻貓，後來其中一隻因為年紀太大過世後，雖然想再多養一隻，但考慮到經濟因素而作罷。後來可可上網搜尋「寵物褓母」，並在網路上刊登免費廣告、與一些跟寵物有關的網頁貼文、和自己的獸醫生情商，在診所門口貼上一張廣告單。在做出這一連串動作後，很幸運的，可可接到自 己人生第一個「寵物暫時媽咪」的案子。

一定要知道的重要訊息

大約工作時間與時段：視接案子狀況而定，通常以「天數」來當作計價標準。

收入：一天計費約三〇〇～四五〇元不等，如果時間較長者，將會給予折扣，例如一星期九十五％，以此類推。

酬勞價位：以案子為單位，非時薪。

是否需要相關科系：不需要。

需不需要證照：不需要。

是否有年齡限制：並無年齡限制。

可接觸到的行業：各行各業。

是否需要特殊語言：不需要。

什麼樣的個性比較適合這份工作：天生愛寵物到一個不行者，最為適合。

貼心便利貼

有些貓咪有特殊癖好，可以在每次迎接小貴賓入住時，多向主人詢問徹底，如此一來，才可以事半功倍喔。

金元寶錦囊

建議可以提供額外服務，來增加收入，例如：洗一次澡，需另外增添多少費用；帶貓去打預防針，又需增添多少費用……等等，利用住宿以外的服務，來增加收入。

網路二手拍賣

更棒的是，還可以讓有用物品交到真正需要它的人手中，珍惜可用的物品，就是在愛惜地球。

工作概況

只要會用網路，就可以兼做這份工作，而且完全不需要囉哩叭唆的面試，工作時間也很彈性，天底下居然有這樣的好差事？

在網路時代裡，以前的不可能，都能成為現代的「超可能」！每個人家中，幾乎都有平常不太使用的東西，有的甚至是從未用過的東西，像是：中秋節抽獎摸到的電風扇、尾牙時抽獎抽中的隨身碟，另外還有洗髮精、乳液、烤肉架組合……等等。把這些東西放在家裡，還需要挪出空間來放置它們，而且也不知道要等到何年何月，才有可能拿出來一用。面對這些想要把它們通通變成二手商品轉賣的人們，不需要再出門找店面，也無需特地放到二手商店寄賣，只要坐在家中，輕輕鬆鬆連上網路，就可以開啟一場「二手物專賣會」。

工作甘苦談

必須要先把東西拍照、上傳，然後等待有無感興趣的人出現，一旦有人買下，便要開始確認匯款事宜，以及迅速寄送貨物。

在一連串的過程中，每一個環節都要很用心，例如：拍照時，要努力呈現出物品最好的一面、物品除了描述仔細之外更要動人、回答買家速度要快、寄出貨品時也要小心包裝。有時候遇到無禮的買家，也不能生氣，畢竟「和氣生財」才是賺錢王道。

一定要知道的重要訊息

大約工作時間與時段：不固定，通常越快回覆買家越好。

收入：一個月能多出幾千塊收入，還可以順便清空家裡的儲物空間，一舉數得。

酬勞價位：屬於中等價位。

是否需要相關科系：不需要。

需不需要證照：不需要。

是否有年齡限制：無年齡限制。

可接觸到的行業：在家工作，不太會需要真正面對到人。

是否需要特殊語言：並不特別需要。

什麼樣的個性比較適合這份工作：有耐心、有毅力、細心、有審美觀、主動積極、熱情又開朗。

貼心便利貼

要記得把每一項物品，都稍微整理過後，再放到網路上拍賣，才會吸引買家過來喔。

金元寶錦囊

如果賣得不錯，建議可以看看身邊有無朋友需要「代賣二手商品」，可以從中賺取傭金，又可以幫朋友清空家裡多餘的物品。更棒的是，還可以讓有用物品交到真正需要它的人手中，愛護物品，愛惜地球資源。

看我的聰明鍊金術！
垃圾也能變黃金！
OLD
NEW
$

插畫家

小米習慣上網接案來畫，利用各式各樣的畫風與不同需求，來磨練自己的畫工，不過，插畫一條路走來並不簡單喔！

工作概況

白天在科技公司上班，下班後回到家裡，除了吃飯、看電視之外，還可以做些什麼呢？

從小就喜歡畫畫的小米，為了一圓自己小時候想要當畫家的夢想，成了插畫家。每天下班回到家中，稍微休息過後，小米就會拿起繪圖板，開始畫畫，以前他在課本上畫畫，現在則直接繪在電腦裡；以前畫畫沒有錢拿，還會被老師罵，現在卻可以畫得很開心，還有錢可以賺。

工作甘苦談

這是一份關起門來的工作，不需要到特定的公司上班，可以省下不少交通時間，工作時間也相對比較自由。不過，為了可以把畫完成到最好，有些人最後一張畫的平均時薪居然低得很可憐，所以必須在品質跟速度之間，拿捏好分寸喔。

一定要知道的重要訊息

大約工作時間與時段：可以視自己時間來做安排。

收入：簡單插畫一張圖大約三〇〇～一千元不等，視大小與需求而定，也有人畫一張單面的彩色畫，就可以拿到一萬元，不過畫工需要比較精細。

酬勞價位：屬於中等價位。

是否需要相關科系：不需要。

需不需要證照：不需要。

是否有年齡限制：無年齡限制。

可接觸到的行業：各行各業，主要是出版業，也有政府機構拋出的動畫插畫類案子。

是否需要特殊語言：不需要。

什麼樣的個性比較適合這份工作：熱愛畫畫的人，最為適合。

貼心便利貼

插畫市場價格很混亂，有的人畫到後來會跟人一起合作完成繪本，這時候可以選擇賣斷，或者是拿版稅。一般的圖也會分成大小、精緻程度、是否上色，來決定價錢。

金元寶錦囊

等到慢慢累積到一定的知名度後，有時候會有雜誌來專訪，也有電信業者找上門，主動要求合作。不過，和電信業者合作，大多是用拆帳的方式，也就是多少人訂購這項服務，插畫家就可以從中抽取多少費用，拆帳比方面在簽約的時候，一定要相當謹慎小心。

也有人跟電信業者的合作方式，是東西過去後，對方先付一筆款項後，再進行拆帳，這樣對創作者比較有保障，但是，圖畫的所有權歸誰、使用權期限多久……等等，就必須要清楚簽合約定清楚喔！

電腦組裝人員

到府收送，如果路程太過遙遠，可以酌增費用，並在一開始告知客戶，取得客戶同意後再做，務必要雙方都滿意這次的服務，才會有下次再互動的機會喔。

工作概況

下了班，志銘騎著機車，匆匆趕往客戶家收取待修的電腦，等把要修的電腦搬回家後，又匆匆把修好的電腦，一個個送到客戶家中，並收取費用。最後，回到家後，又開始忙著處理等待維修的電腦、上網查看是否有要自己幫忙組裝電腦的案子、組裝先前訂單……等等。

一開始的案子，大多是做親朋好友，慢慢傳出口碑後，開始有親朋好友的親朋好友，慢慢把客人介紹過來。

工作甘苦談

抱著已經修好與待修的電腦，穿梭在大街小巷，遇到下雨的時候，往往會比較狼狽，感覺像是電腦組裝加快遞人員。但是，這個行業競爭越來越激烈，有時候用多一點的服務，就可以換來更多的客戶。

一定要知道的重要訊息

大約工作時間與時段：在特定期限內，可以自行安排工作時間。

收入：維修一台電腦大約五百元左右，組裝一台電腦並灌好軟體的利潤，則大約是一千元到兩千元左右。不過，可以一次多台電腦同時跑，並不需要一台一台電腦檢修或灌軟體喔。

酬勞價位：屬於中等價位。

是否需要相關科系：不需要。

需不需要證照：不需要。

是否有年齡限制：只要有技術，基本上並無年齡限制。

可接觸到的行業：各行各業，不過還是以電腦產業為主。

是否需要特殊語言：不需要。

什麼樣的個性比較適合這份工作：有耐心、肯吃苦、願意不斷了解電腦相關產品市場的價格與功能的人。

貼心便利貼

組裝電腦需要熟知電腦內部各種配件，例如配件的牌子、價格、型號、功能、穩定性，都是在組裝電腦時必須考量到的。

到府收送，如果路程太過遙遠，可以酌增費用，並在一開始告知客戶，取得客戶同意後再做，務必要雙方都滿意這次的服務，才會有下次再互動的機會。

金元寶錦囊

如果善長的電腦技能，不只維修、組裝、處理病毒，也會網站建置或是軟體開發的話，那麼將會賺進更多的Coco喔。

尤其是軟體發開，因為手機功能日新月異，常常會有軟體發開的需求，通常以案計價，工作完成度不像設計類那麼主觀，只要照設定與服務需求完成案子，就可以有一小筆收入進帳。

設計人的時尚天下

不管業主願不願意接受，如果能夠擁有自己的一套風格，讓喜歡自己設計風格的人親自上門邀設計，那麼設計起來將會事半功倍喔！

工作概況

除了會計以外，還有什麼工作可以延伸自己的正職專業，把兼職工作帶回家做的？答案是：平面設計。

平面設計的範圍包括很廣，小到卡片設計，大到貼上一〇一高樓建築上的巨大廣告，都是屬於平面設計的範圍。自己兼職接下的案子，通常偏向DM設計、海報、商標、型錄手冊、卡片設計、封面設計……等等，運用層面包羅萬象。

工作甘苦談

平面設計最怕碰到連他也不曉得自己到底要什麼的業主，這時候就是設計人痛苦夢魘的開始。畫圖與設計並不難，最煩人的是一件案子必須一改再改，有的改到最後，居然回頭用最初的設計，只是再稍微修改得比較精緻一點而已。

還有的業主廣發英雄帖，結果卻只是在收集各方的點子，合作意願並不大。所以，自己另外接案做設計的設計人們，記得一定要先簽約喔。有的人會在合約裡頭加上一條：修改一次費用五百元。免得業主故意找麻煩，要人一修再修，永遠沒完沒了。

一定要知道的重要訊息

大約工作時間與時段：在一定期限之內，可以按照自己想要工作的時間來做安排。

收入：由設計稿的難易度評估。

酬勞價位：屬於中高等價位。

是否需要相關科系：不需要。

需不需要證照：不需要。

是否有年齡限制：無年齡限制。

可接觸到的行業：各行各業。

是否需要特殊語言：並不特別需要。

什麼樣的個性比較適合這份工作：除了喜歡玩設計之外，最重要的大概就是要有耐心，慢慢跟業主溝通。

貼心便利貼

設計風格，是一種抽象的概念。有的設計師會盡量迎合業主的想法，有的設計師則會有自己一定的堅持，並說服業主接受。

不管業主願不願意接受，如果能夠擁有自己的一套風格，讓喜歡自己設計風格的人親自上門邀設計，那麼設計起來將會事半功倍喔！

金元寶錦囊

如果做出一定的名氣與設計風格，也有人開價每張A4 DM設計費一萬，甚至是更高的價碼。

總而言之，這是一份能夠不斷前進、日積月累的工作，不管是兼職或正職，都可以隨著時間與工作經歷，一直累積自己的設計功力與名氣喔！

Show Girl

如果可以擁有外語能力、說話口齒清晰、思路敏捷……等等優勢，將會是讓自己提升知名度的好法寶喔！

工作概況

很多工作都是到了現場，才算正式開始工作，不過，Show Girl不只台上表演時的那十分鐘在工作，真正表演功力，是必需靠平常的練習，再加上自己的臨場智慧喔。

Show Girl的工作，除了上台表演之外，還必須一手包辦自己的化妝、頭髮……等等。身材、外貌吃香程度、表演功力與是否能炒熱現場氣氛，都是決定Show Girl能不能再往上進階的重要關鍵因素。

工作甘苦談

一般人只看到她們檯面上的光鮮亮麗，卻很少思考認真的Show Girl，在台底下需要練習多久，才能有今天台上活力四射的表演。

一場短短十幾分鐘的勁歌熱舞，可能要花上一個禮拜時間練習準備，甚至是更久。再加上表演的時候，很難真正預防所謂的「鹹豬手」出現偷襲，萬一真的發生了，不能在現場花容失色的大聲尖叫，還要運用自己的智慧來化解掉，背後的心酸，可不是一般人可以想像得到的喔。

一定要知道的重要訊息

大約工作時間與時段：較不固定，必須完全配合活動，視活動情況而定。

收入：一場大約跳十幾分鐘，一場價格約八百元左右，不過真正價格要看廠商與Show Girl的知名度，如果一天跳個四場，大約可有三千多元進帳喔。

酬勞價位：屬於高等價位。

是否需要相關科系：不需要。

需不需要證照：不需要。

是否有年齡限制：大約十六～二十五歲左右。

可接觸到的行業：各行各業，甚至是政府機關與外商公司。

是否需要特殊語言：並不特別需要。

什麼樣的個性比較適合這份工作：活潑、樂觀、開朗、反應快，外型甜美姣好。

貼心便利貼

想要成為Show Girl，可以找經紀公司幫忙接案子，一般來說，出現在雜誌上或者是比較有名的經紀公司，比較有保障。

金元寶錦囊

想要從眾多Show Girl之中脫穎而出，除了外貌上的優勢之外，如果可以擁有外語能力、說話口齒清晰、思路敏捷……等等優勢，將會是讓自己提升知名度的好法寶喔！如果知名度提升，薪水也可以跟著水漲船高，默默逼向上萬元起跳，甚是是一場破十萬元的優渥價錢。

婚禮秘書

隨著越來越多人加入這個行業，競爭也隨之越來越激烈，有的人靈機一動，會把自己的新娘秘書工作，做出市場區隔來。例如：有的人以可愛風見長、有的則走公主風、有的則走時尚華麗風、簡約風……等等不同風格。

工作概況

這幾年新興而起的職業：新娘顧問，又可稱之為新娘秘書。要成為一位稱職的新娘秘書，必須先學會化妝、髮型設計、指甲彩繪、飾品了解、造型花束、身體水粉、穿衣方式……等等，還要對婚禮大小事宜、禮節習俗瞭若指掌，隨時提供相關資訊。在婚禮當天，需要全神貫注讓新娘都一直美美的，也要注意婚禮會場裡的大大小小事情，相當忙碌。

工作甘苦談

有的新娘秘書會跟新娘成為很親密的夥伴，甚至在新娘心情起伏不定時，透過電話給予安慰、加油打氣。有時候新娘心情低落起來，也曾有過半夜打給新娘秘書聊天的案子，因為舉辦婚禮時，雜事很多，許多人便會感覺到很強的壓力，能夠有個人可以聽自己說話，往往能夠稍稍紓解新娘的心理壓力。隨著越來越多人加入這個行業，競爭也隨之越來越激烈，有的人靈機一動，會把自己的新娘秘書工作，做出市場區隔來。例如：有的人以可愛風見長、有的則走公主風、有的則走時尚華麗風、簡約風……等等不同風格。

一定要知道的重要訊息

大約工作時間與時段：大多在六日與例假日，尤其是黃道吉日。

收入：一天大約八千到一萬八都有，一萬八的價碼通常必須包括一個別開生面的主題婚禮。

酬勞價位：屬於高等價位。

是否需要相關科系：不需要。

需不需要證照：不需要。

是否有年齡限制：無年齡限制。

可接觸到的行業：各行各業。

是否需要特殊語言：不特別需要。

什麼樣的個性比較適合這份工作：熱愛美的事物、會一直不斷鑽研化妝與髮型設計、善於溝通、對每個細節都認真對待。

貼心便利貼

有的人為了搶攻市場，會贈送媽媽妝、伴娘妝，盡量讓婚禮美得冒泡，只要賓主盡歡，做出一定口碑，案子自然便會源源不絕而來喔。

金元寶錦囊

如果沒有贈送媽媽妝與伴娘妝，通常一人需再加大約六百元，髮型設計則要再加一千～一千兩百元左右。在這個行業裡，越能做出自己想要強調的獨特風格，越能吸引特定某一族群上門。另外，不斷精進自己的化妝技巧、髮型設計，把成功的個案放到網路上流傳，一定可以吸引到準新人們不斷前來。

攝影師

攝影師能夠接觸到的對象包羅萬象，有人、事、物、典禮、風景……等等，唯一不變的核心意義是：想要把某一刻永遠保存下的心。

工作概況

每個人都想把自己美美的樣子保存下來，於是便有了「婚禮攝影師」、「個人沙龍照攝影師」。每件商品都希望能夠呈現出最棒的狀態，於是有專業的「網拍攝影師」、「商品型錄攝影師」……等等。也有為了保存古物，委託攝影師將日漸褪色的文物一一拍照，留檔存錄的Case可以接。攝影師能夠接觸到的對象包羅萬象，有人、事、物、典禮、風景……等等，唯一不變的核心意義是：想要把某一刻永遠保存下的心。

工作甘苦談

有時候拍照的對象，並不一定會乖乖聽話，例如：動物與小孩。這時候往往就必須花費大量心力去做溝通，或者是等待拍攝重點能在剎那出現。拍攝婚照時，也需要引導平常較少面對鏡頭的新人們，能夠自然地笑出來，如果是拍攝整個婚禮過程，則必須時時注意每個不能漏掉的關鍵鏡頭。

一定要知道的重要訊息

大約工作時間與時段：不固定，視活動情況而定，不過，如果是在棚內，可以事先預約安排時間。

收入：每次大約五千到一萬元不等，全憑攝影師的功力與名氣而定。

酬勞價位：屬於高等價位。

是否需要相關科系：不需要。

需不需要證照：不需要。

是否有年齡限制：只要攝影功力好，又還扛得動沉重的攝影器材，基本上並無年齡限制。

可接觸到的行業：各行各業，小到個人的寫真，到婚禮、大企業的商品都有可能接手。

是否需要特殊語言：並不特別需要。

什麼樣的個性比較適合這份工作：耐得住性子、樂於引導別人，以及願意不斷精進自己攝影技巧、培養本身內在藝術精神的人，最為適合。

貼心便利貼

攝影很多人都會，但真正的專業，並不是會按下快門就好，最重要的是攝影師本身對美的體悟，其次才是技巧與設備上的運用喔。

金元寶錦囊

攝影師有兩條路可以同時邁進，一條是平常可以接拍婚禮或是商品美照，為自己賺點額外的收入。

另一條則是可以專注在比較藝術層面的作品，這份兼職工作比較特別的地方在於——賺錢跟提升自己的藝術觀，是可以齊頭並進的喔！

整體造型師

有時候一天可以同時接到好幾個案子，所以在時間上的安排變得十分重要，否則耽誤到下一組客人的工作進度，可是會砸掉自己招牌的喔。

工作概況

整體造型師的工作，就是如何讓一個人從頭到腳、每一寸都能夠變得更加漂亮。

工作內容包括：臉上的化妝技巧、髮型設計、衣服搭配、身上飾品選擇、指甲彩繪、鞋子選配……等等，內容包羅萬象，只要能讓人變得更加美麗、更加有魅力的小細節都不能放過。服務對象可能是大明星，也可能是正要趕去參加晚宴的人，或是朋友慶生party的所有愛美人士。

工作甘苦談

有的客戶很會刁人，化妝時要求化妝品都要是名牌貨，有的人則強調用在臉上的任何一項產品，都必須標榜純天然。完成整體造型後，有的人會嫌臉看起來太白，不自然，有的人會怪為什麼看起來氣色這麼差？這時候整體造型師不但不能生氣，還要耐心十足的與對方溝通，直到做出的效果是兩人都滿意的為止。

一定要知道的重要訊息

大約工作時間與時段：不固定，必須視活動情況而定，有時候上一場耽擱了，可是會影響到下一個案子的喔。

收入：一天兩千五到三千五左右，也有做一個造型兩千塊的案子，不過這種需要比較專業的造型，如果知名度打開後，上萬塊也不是難事，尤其是接到拍攝廣告的案子時，價格可以更高。

酬勞價位：屬於高等價位。

是否需要相關科系：不需要。

需不需要證照：不需要。

是否有年齡限制：無年齡限制。

可接觸到的行業：各行各業，小到個人，大到閃亮明星都有可能，人脈會是決定自己可以幫誰做造型的關鍵之一喔。

是否需要特殊語言：並不特別需要。

什麼樣的個性比較適合這份工作：願意不斷進步，面對日新月異的時尚潮流，不僅有追逐的迅速吸收本事，也有能夠加以運用的天份，不怕吃苦，有耐心也能夠與人溝通的人最適合。

貼心便利貼

有時候一天可以同時接到好幾個案子，所以在時間上的安排變得十分重要，否則耽誤到下一組客人的工作進度，可是會砸掉自己招牌的喔。因為是需要非常投入的工作，往往會忙得沒時間吃飯，在如何搶時間工作與照顧自己身體之間，需要做出適當的時間分配。

金元寶錦囊

萬事起頭難，有人一開始因為沒有管道可以為大明星做造型，便先買了一輛小車，進行改裝後，可以把所有做造型設計的工具放上車，親自到府幫人做造型。在累積到一定的工作經歷與知名度後，便可以慢慢往更高價位的案子邁進喔！

展場與空間設計師

大多數設計都是需要和時代潮流相互結合，自己私底下的修練，將會變得非常重要。有的人甚至會到國外的展覽會場，或是各大活動舉辦時的空間到處走走看看，做為自己日後設計時的參考之一。

工作概況

只要是需要經過設計的空間，就會有展場設計師發揮所長的機會。例如：各種展覽會場、書展、古文物展覽、藝文空間展出、尾牙會場、大型頒獎典禮會場……等等。

設計者必須先了解該空間與活動之間的關係，以及這次活動想要呈現的質感是什麼，再進行為活動加分的空間設計。設計圖通常以3D方式呈現，讓業主可以了解完成佈置後的現場空間狀況，使其活動或商品，與空間相互結合，彼此加分。

工作甘苦談

只要是設計，就會牽扯到個人主觀意識，有時候設計師認為最好的設計，並不一定是業者想要的，於是，必須進行一連串的修改設計動作，常常會發生做到後來的確定設計，和原先設計相差甚遠的狀況。

一定要知道的重要訊息

大約工作時間與時段：不固定，視活動情況而定。

收入：以接案的方式計費，價差非常大，是設計師知名度與設計案而定，費用大約在一萬到十幾萬之間。

酬勞價位：屬於中高等價位。

是否需要相關科系：不需要。

需不需要證照：不需要。

是否有年齡限制：並無年齡限制。

可接觸到的行業：各行各業，甚至是政府機關與外商公司。

是否需要特殊語言：不需要。

什麼樣的個性比較適合這份工作：善於溝通、腦袋靈活、能夠協調不同的意見、認真負責。

貼心便利貼

大多數設計都是需要和時代潮流相互結合，才比較容易收到青睞，所以自己私底下的修練，將會變得非常重要。

有的人甚至會到國外的展覽會場，或是各大活動舉辦時的空間到處走走看看，做為自己日後設計時的參考之一。

金元寶錦囊

除了參考世界各國的空間設計之外，建議在累積到一定程度工作經歷後，能夠慢慢朝向更有創意的空間設計發展。

如果幸運發展出屬於自己的設計風格，欣賞自己設計風格的廠商，可是會自己登門拜訪的喔！

Memo

Chapter 3
邊賺邊玩的兼職工作

把自己喜愛的休閑娛樂，變成兼職工作，讓我們在為自己額外賺進一小筆收入的同時，也賺到了好心情喔。

漫畫店店員

有的客人可是因此而給予回報的，例如：專挑在我們值班時存入預付金……等等。如果老闆重視值班人員的業績，這可是勝出的重要關鍵喔！

工作概況

一般來說，這份兼職工作不太需要處理太多清掃工作，也不需要碰湯湯水水，更無需受風雨吹搖、火裡來水裡去。我們只須要走進一個感覺起來很溫馨的店裡，沒有油煙味，反而比較像踏入小型圖書館的空間。主要工作內容，把客人還回來的書上架歸位、有客人要租書時坐鎮櫃檯、當客人詢問自己想租的書在哪時，會需要花點時間幫忙找書，工作內容其實相當簡單，而且比起其他兼職工作來說，相對輕鬆許多。比較需要花一點時間處理的工作，是當有新書到店裡時，需要一一建檔，不過，現在電腦已經有軟體可以管理的很好，並不需要太過費心。

工作甘苦談

幫客人找書時，如果遇到「鬼遮眼」的情況，可能會讓人覺得相當困惑又不解，明明電腦檔案中，記載有在店裡的書，為何偏偏就是找不到？那時候就可以看見為了找一本小小的書，有多麼令人煞費苦心了。還有另外一種情況，也頗為棘手，那就是書籍逾期時的罰款，不過，這種事情通常老闆會親自處理，很少輪到小小兼職員工來操煩。

一定要知道的重要訊息

大約工作時間與時段：有的分為早中晚三班，有的只有晚班跟假日班，老闆通常會要求班表要固定。

收入：每小時時薪約一一〇元左右，也有在這個價錢之下的時薪。

酬勞價位：屬於一般價位。

是否需要相關科系：不需要。

需不需要證照：不需要。

是否有年齡限制：基本上並無年齡限制。

可接觸到的行業：各種年齡層，可能會碰到書商。

是否需要特殊語言：並不特別需要。

什麼樣的個性比較適合這份工作：喜歡書、熱愛閱讀，而且對各種書籍種類來者不拘的人最適合，不僅可以自己看得開心，也可以推薦給客人，有時候遇到和自己看法相同的讀者，還可以好好聊聊喔。

貼心便利貼

有時候會有客人跟店員聊起書的內容與自己的看法，雖然不一定會聊很久，卻常常會有許多令人驚奇的發現，像是某某某覺得這本書好看的點在哪、某某某卻覺得這一設計太過矯情……等等，感覺就像又重新看過那本書一次，相當好玩。

金元寶錦囊

坐鎮在櫃台，將客人的書籍刷還時，如果客人租了二十本，唯獨只有一本沒還時，可以稍微提醒一下對方，以免對方漏掉還書而被罰錢喔。如果是幫客人處理刷借的書籍時，有的電腦軟體會自動出現「已租過」的提示，這時候也要貼心地告知客人。

千萬不要小看這個動作！當有些客人因我們的提醒，避免重複租書時，有的客人可是因此而給予回報的，例如：專挑在我們值班時存入預付金……等等。如果老闆重視值班人員的業績，這可是勝出的重要關鍵。

想通往哪個魔幻世界？
聽我的就沒錯了！
右邊第六排！
左邊第三排！
愛情小說在哪裡？
熱血漫畫在哪裡？

試吃、試喝，還有試藥？

國外曾經有人做過研究，想要知道可口可樂與百事可樂，哪一個品牌的汽水比較好喝？要不要一起猜一下呢？

工作概況

兼職工作千奇百怪，「試」也能不定期幫我們偶爾加加薪。總的來說，聽過試吃泡麵、試吃布丁、試喝飲料、試玩遊戲、試衣服、試躺床墊……等等不勝枚舉。

通常這類的「試嚐」大會，會經過一些小小的實驗操弄，例如，蓋住多種品牌的飲料，試喝哪一種比較好喝？國外曾經有人做過研究，想要知道可口可樂與百事可樂，哪一個品牌的汽水比較好喝？經過實驗結果顯示，百事可樂是普遍被認為比較好喝的飲料，但在實際的銷售數字上，卻由可口可樂拔得頭籌。於是，許多人便針對這一結論，開始提出各種可能的解釋。「有實驗」，等於有錢可賺！

不只學校裡的教授愛做實驗，連許多公司內部也喜歡為產品的新口味，做各式各樣的測試實驗，像是試吃各種泡麵麵條的軟硬度、湯頭的美味程度、辣度……等等。只要嘴巴夠利，又能條理清楚地說出一番道理，就是天生能靠張嘴賺外快的幸運星。

工作甘苦談

在許多「試」的實驗裡，有一種令人聽到便忍不住開始擔心的東西，但偏偏它的價錢又給得特別的好，那種兼職工作就是「試藥」。中國人相信「藥是三分毒」，所以一向認為「食補」是最天然的養生之道。

試藥，聽起來似乎頗有危險性，但仔細想想，全世界每年所吞掉的藥量，也可觀得驚人，心裡便覺得其實似乎不必太大驚小怪。不管是台灣或是國外的電視廣告，常常可以出現許多藥物的廣告，可見藥的市場究竟有多大。

試藥的兼職工作，顧名思義就是要吞下藥廠研究出來的藥，不過，台灣大多是將國外專利過期的藥，拿過來仔細拆解所有成分後，再自行調配出藥品，而非想像中完全的新藥。試藥的過程，當人吞下藥劑之後，會在固定時間抽血，觀察藥物在人體內部的代謝以及影響狀況。

這大概是「試」領域裡最好賺的兼職工作，但相對付出的時間與風險，也會比一般「試產品」的風險來的大一點喔！

一定要知道的重要訊息

大約工作時間與時段：試藥工作必須完全配合研究實驗，視研究設定而定，必須花越多時間試藥與精神的研究，給的費用相對會比較高。

收入：以兩個星期為例，大約兼職費用可達八千到九千元以上，也有聽過可以拿到快兩萬元的，價差很大，全憑危險性有多高而定。

酬勞價位：屬於中高等價位。

是否需要相關科系：不需要。

需不需要證照：不需要。

是否有年齡限制：一般來說沒有太嚴格的年齡限制，不過，有時候會針對該產品所定義的族群來做研究，像泡麵試吃，就會盡量找喜歡吃泡麵的人試吃，才能給出有用的想法與試吃心得。

可接觸到的行業：出產新產品的公司，像是食物、飲料、衣服、工具類……等等。

是否需要特殊語言：不特別需要。

什麼樣的個性比較適合這份工作：對很多事情抱有好奇心、能夠擁有自己的想法、可以清楚說出自己試用或試吃後的感想。

貼心便利貼

在許多大學的研究所裡頭，也常常會有實驗需要大量受試者，相關科系如心理系……等等。建議可以常常留心學校內部的佈告欄，尤其是心理系所的相關佈告欄，讓自己在增加一些實驗經驗的同時，還可以賺進一些Coco喔。

通常學校內部實驗的受試者，時薪約為一一〇元左右，視實驗難度、有無特殊需求而定。

金元寶錦囊

建議可以多用心經營自己的部落格，如果可以秀出自己擁有品嚐美食，或哪一方面的功力，再加上一點點的運氣，說不定工作就會自己從天而降呢。

電玩功略作家

熱愛玩電玩，這是最為重要的第一要素，如果能再加上一點文筆，便能如虎添翼！

工作概況

玩樂，一旦玩成精，居然也可以幫自己賺到錢？

生活在現代的我們，只要處處留心，再加上一點點文筆功力，有道是「行行出狀元」，就連線上遊戲也可以幫我們荷包裝滿滿？很多家長其實很排斥孩子們打電動，他們絕對很難想像，一旦玩成精後，居然可以因此撰寫上萬字的攻略，連雜誌也跑來向寶貝們邀稿？

很多人大概會很羨慕這群電玩功略作家，不但可以盡情徜徉在自己喜歡的遊戲裡頭，擁有幾個朋友，還能分享與交換自己的攻略心得，現在居然還可以把它寫成文字，然後狠狠賺上一筆！

以上，完全忌妒有理，這份不用風吹日曬、不用拼業績、更不用吃苦受罪、只要「好好玩手邊正在熱衷的遊戲」就好，這樣的好差事，真的只需要徹底了解一款遊戲，明白遊戲內時常設定的一些公式後，就可以一圓以前連想都不敢想的作家夢。

不過，既然要以文字的方式，與人交流，就必須擁有最基本的文字功力，才有辦法勝任這項工作。話雖如此，但要成為一位電玩功略作家，玩遊戲的功力遠遠比文字功力還要重要許多！如果是第一次撰寫相關文章的人，心裡連該從何下手一點頭緒都沒有的人，建議可以先參考看看別人是怎麼寫的，然後再發明出自己的撰寫方式，來和讀者們以文會友。

工作甘苦談

想要投入這份兼職，必須要先喜歡玩遊戲，並且玩出一定的心得，還要盡量在遊戲討論區發佈文章，最好能因此累積出一定的知名度，如此一來，將會對遊戲雜誌方面的邀稿，產生一定程度的幫助。

如果遲遲沒有人來向自己邀稿，也沒關係，那就主動出擊吧！自己主動向相關雜誌或書籍推薦自己，或者是多留心哪裡有徵稿訊息，一旦發現該訊息，一定要立刻將自己的文章寄過去，努力爭取成為電玩功略作家的機會。

一定要知道的重要訊息

大約工作時間與時段：通常會有一個最後交稿期限，在這段時間以內，可以自行安排工作時間，算是相當自由的工作時間喔。

收入：平均一個字大約是0.5~1元左右，自己拍攝遊戲內圖，一張大約十五~二十五元左右。以一篇上萬字的文章與圖片來說，這份兼職工作相當好賺！

酬勞價位：只計算撰寫時間的話，屬於高等價位。

是否需要相關科系：不需要。

需不需要證照：不需要。

是否有年齡限制：只要能玩出心得，基本上並無年齡限制。

可接觸到的行業：遊戲公司、遊戲雜誌公司。

是否需要特殊語言：並不特別需要。

什麼樣的個性比較適合這份工作：有耐心、樂於分享、有熱情、邏輯思考力強、喜歡挑戰、能準時交稿。不過，最重要的還是必須——熱愛玩電玩，這是最為重要的第一要素，如果能再加上一點文筆，便能如虎添翼。

貼心便利貼

一篇一萬字左右的遊戲攻略，有的人要花將近20個小時來寫，也有超快的快手，10個小時一股作氣漂亮搞定，輕輕鬆鬆把上萬元的稿費，賺入口袋裡。

金元寶錦囊

誰說興趣不能幫自己賺錢？只要能有自己一套獨到的見解與邏輯分析力，玩遊戲也可以肥自己的荷包喔。

說故事高手

做這份兼職工作，可以選擇要不要接，比較不會產生為了做好兼職工作，結果固定假日都被工作占滿的窘境。只要自己把時間規劃好，便可以讓時間變得更加有意義喔！

工作概況

一開始的時候，有人會選擇先到劇團參加培訓，培訓時間長短不一定，最常聽到約莫三個月左右。接著，便可以開始到圖書館、醫院、托兒所……等等地方，給可愛的小朋友們講故事。

如果本身就是非常喜歡小朋友的人，在做這份兼職工作時，可能會不覺得自己正在工作，而是正在跟小朋友們分享一個自己很喜歡的故事，或是跟小朋友們玩喔！

工作甘苦談

把故事努力背進腦子裡，不代表就一定可以把故事說得很好聽喔！這份工作最迷人的地方在於：永遠都還有進步的空間。有人把它當成一種志業，不斷透過磨練，把自己說故事的功力一層、一層逐漸累積，有的人甚至會花心思準備令小朋友嘖嘖稱奇的道具。這份工作不需要花費很多勞力，只有兩個字最為重要，那就是——投入！

一定要知道的重要訊息

大約工作時間與時段：不固定，視活動情況而定。

收入：每場約三〇〇元以上。

酬勞價位：屬於中等價位。

是否需要相關科系：不需要。

需不需要證照：不需要。

是否有年齡限制：只要口才好，基本上並無年齡限制。

可接觸到的行業：跟小朋友有關的行業，都可能涉足。

是否需要特殊語言：並不特別需要。

什麼樣的個性比較適合這份工作：喜歡小孩子、喜歡看見人們聽得入迷的表情、喜歡天馬行空盡情想像、喜歡把腦子裡的想像透過話語，傳進別人腦子裡的人，特別適合這份兼職工作！

貼心便利貼

想要贏得孩子們滿堂彩與崇拜，只要做到兩件事。第一，選對會吸引小朋友的故事，第二，說故事的人是否能夠活靈活現，透過說話語氣和肢體動作，帶動現場氣氛。

金元寶錦囊

工作時間彈性，生活也就更具彈性！做這份兼職工作，可以選擇要不要接，比較不會固定假日都被工作占領，不像一般兼職工作，如果時間都固定，臨時有事不能到，還需另外請同事代班，這份兼職只要自己把時間規劃好，便可以讓時間變得更加有意義喔。

魅力四射的舞蹈老師

但如果把教舞變成兼職工作，一方面可以跳自己喜歡的舞蹈，另一方面又可以有份正職工作維持生計，更棒的是還有一筆滋補的收入。不是很好嗎？

工作概況

經過一整天枯燥乏味的工作後，脫下套裝，換上舞衣，晚上化身為舞蹈老師的彩玉，正磨拳擦掌等著投入自己最愛的活動——舞蹈教學。「好了，我們先來做一點暖身操吧！」舞蹈老師站在台前，雙手插腰，開始扭腰擺臀起來。「一二三四、二二三四、三二三四、四二三四……」

面對鏡子，帶領身後學生們一起進入盡情揮灑的舞蹈世界，除了講解動作要點之外，有時候厲害的老師，也要把自己的想像力帶進去，好讓學生們可以了解自己對這個動作的理解。

例如：教授hip－hop的老師，在講解高舉一手，身體重重往下一墜的動作時，可以用自己對這個動作的想像力，對學生們說：「現在，請想像我們是四肢綁著細線的娃娃，現在有三條線都被剪掉了，只剩下左手的線還被吊著，身體其他部分必須在一瞬間重重垂下來……」

工作甘苦談

遇到理解力比較不好的學生，老師有時候會比學生還要著急，想破腦袋就是無法更加清楚表明自己的意思，於是，通常會把已經說過的話，又再重複一遍。當學生無法吸收老師所教的內容時，往往最著急的不是學生，而是憂心如焚的老師啊！

一定要知道的重要訊息

大約工作時間與時段：不固定，必須配合學校社團時間，或是舞蹈班上課時間，也可以跟一對一的學生敲定彼此都方便的時間，不過，就整體而言，排班時間上，是可以互相溝通安排的。

收入：學校社團九十分鐘，約莫在八百到一千元左右，一般舞蹈教室時薪約三百～六百元不等。如果是特別指定一對一的教學，價錢則在一千到三千元之間。

酬勞價位：屬於中等價位。

是否需要相關科系：不需要，但最好要有舞蹈學習經驗與相關背景，或是曾出國學習過。

需不需要證照：不需要。

是否有年齡限制：基本上並無年齡限制。

可接觸到的行業：各行各業，甚至是學校機關。

是否需要特殊語言：並不特別需要。

什麼樣的個性比較適合這份工作：要教學熱誠、能耐住性子慢慢學生溝通、尤其是表達能力一定要夠強，才能讓學生聽懂自己想要表達的想法、理念，以及舞蹈動作中的精髓。

貼心便利貼

萬事起頭難，在一般人眼中，舞者的經濟來源似乎比較不穩定，但如果把教舞變成兼職工作，一方面可以跳自己喜歡的舞蹈，另一方面又可以有份正職工作維持生計，更棒的是還有一筆滋補的收入。不是很好嗎？

金元寶錦囊

相信只要夠用心教學，再加上不斷磨練自己的舞技，也許把自己最愛的舞蹈轉成正職，只是遲早的事情。

不過，在此之前，應該要不斷精進自己的舞蹈能力，還有要學會如何和學生做有效的溝通，如此一來，學生們便會源源不絕而來喔！

領隊

領隊的收入大多是靠團員人數多寡而定的，以帶大陸團或東南亞團為例，大約是一人一天台幣一百元左右，如果是30人的旅行團，到大陸玩7天，領隊費用約是是兩萬元左右。

工作概況

平時上班，偶爾接團帶隊到處遊玩，當車子行經一處景點時，便要拿著麥克風在車上解說，為窗外美景做下一個個註解。每到一個下車觀光景點時，更要使出十八般武藝，把景點故事說得活靈活現，還要細心照顧到每一位團員的需求，例如：如果團員以老人居多，便要注意每一站下車時，必須先交代哪邊可以上廁所。

帶領不同的團隊，解說部分也需要做出適度的調整，像是帶到退休老師團時，則需要更為精關的講解，如果是純粹觀光旅遊的團體，則應該把重心放在有趣詼諧的故事，而非鉅細靡遺的歷史事件喔。

工作甘苦談

所有注意力都在團員身上的領隊，常常盡心盡力照顧到每一位團員的身體狀況，卻忽略了要照顧自己。沒時間上廁所、沒時間把一頓飯好好吃完、沒時間稍微喘口氣，這些對領隊來說都是家常便飯喔。

一定要知道的重要訊息

大約工作時間與時段：不固定，必須完全配合出團日期而定。

收入：一天薪水大約是一千五百元～兩千五百元左右。不過領隊的收入大多是靠團員人數多寡而定的，以帶大陸團或東南亞團為例，大約是一人一天台幣一百元左右，如果是30人的旅行團，到大陸玩7天，領隊費用大約是兩萬元左右。

酬勞價位：屬於高等價位。

是否需要相關科系：不需要。

國際領隊需要證照，但國內領隊不需要證照。

是否有年齡限制：基本上並無年齡限制。

可接觸到的行業：各行各業，主要是旅行業者、飯店業者、遊覽車業者。

是否需要特殊語言：視帶哪一國旅行團而定。

什麼樣的個性比較適合這份工作：喜歡與人接觸、熱愛跟大家分享自己的旅遊心得、有耐心處理團員的大小事宜、靈活安排所有行程與連絡事宜。

貼心便利貼

這部分的案子不少是學校旅遊，或者是公司員工旅遊，如果帶團員進特定商店消費，還會有一定比例的酬庸可以拿喔。

金元寶錦囊

當領隊必須勞心勞力，需要有相當健康的身體才可以喔！

企劃活動

如果能夠先徹底了解客戶的各種需求、舉辦該活動的目的、活動對象鎖定哪個族群、活動預算究竟有多少……等等，都會對自己的提案企劃內容，有很大程度上的幫助喔！

工作概況

一個案子從接手到執行，往往需要一段時間的醞釀、規劃、統籌，最後才是端上檯面見真章。活動企劃可以粗分為新產品發表會、各式典禮、宣傳活動、義賣晚會、記者會、企業宣傳活動、精品時尚晚會、一年一度的尾牙活動……等等。

活動企劃必須規劃整個活動流程、參與的廠商與人員名單有哪些、表演節目、餐點安排……等等，工作需要注意到每一個細節，也常常因為某個細節未能及時趕上，而有腦袋充血的暈眩感，例如：老闆已經親臨現場了，主持活動的主持人卻遲遲尚未現身。

工作甘苦談

活動企劃不只是活動發想與規劃，最棘手的是必須同時統合許多人與單位，像是哪幾個應到場的大人物遲遲沒出現、音響設備尚未就定位、負責餐點廠商比預定時間晚了一小時到場……任何一點小事都必須謹慎一一確認，也就是所謂的盯場，尤其在來賓陸續進場時，還要一面注意是否有人接待來賓，一面掌控活動整體進度，常常一個人當十個人用。

一定要知道的重要訊息

大約工作時間與時段：不固定，必須完全配合活動，視活動情況而定。

收入：以案件計算，價碼落差很大，約一萬到六萬之間，甚至更高，全看活動難易度、企劃案是否符合客戶需要而定。

酬勞價位：屬於中高等價位。

是否需要相關科系：不需要。

需不需要證照：不需要。

是否有年齡限制：基本上並無年齡限制。

可接觸到的行業：各行各業，甚至是政府機關與外商公司。

是否需要特殊語言：並不特別需要。

什麼樣的個性比較適合這份工作：能夠忍受不時蹦出來的小差錯，耐住性子，一一冷靜解決，也需要很好的溝通能力，以做好不同層面的各種連繫與配合。

貼心便利貼

能夠控制好成本支出，是做好活動企劃最重要的第一件事。

金元寶錦囊

在提案前，如果能夠先徹底了解客戶的各種需求、舉辦該活動的目的、活動對象鎖定哪個族群、活動預算究竟有多少……等等，都會對自己的提案企劃內容，有很大程度上的幫助喔！

電影院工作人員

每月省下的娛樂消費就高達上千元，而且以前看電影時，常常需要割捨某些片子，現在只要找出空閒時間，就可以準備隨時大飽眼福一場！

工作概況

因為下班時間能夠很固定，小金在一間二輪電影院工作，時間是晚上六點到十點，如果遇到最後一場電影比較晚開場，例如十點半，那麼下班時間就會延長為十點半。小金在二輪戲院主要工作內容很簡單，有客人拿票進來時，將票撕掉，忙碌時間為電影開場前十到二十分鐘，其餘時間比較少人進出，可以拿來吃飯或做一些雜務。

工作甘苦談

戲院內有販賣部跟售票亭，各由一名員工負責，如果這兩個部門有人休假，兩名收票員便需一人前去支援，所以通常需要學會販賣部跟售票亭的工作。有時候遇到假日人多，或是強檔片上映時，總是會大爆滿，因為二輪電影院不清場，有時候會出現客人出來抱怨，不過，這種比較棘手的情況，通常會交給現場經理處理，一般兼職人員不太需要和客人起衝突。

做這份兼職工作的好處有很多，工作輕鬆是其一，能夠賺到錢是其二，重點它「還可以省到錢」，這是最重要的第三點。小金到戲院兼差後，再也不花錢看電影了，有時候遇到和自己一樣喜歡看電影的客人，還可以在工作不忙時，好好聊一下，一舉數得。

一定要知道的重要訊息

大約工作時間與時段：固定，分為早、晚兩班，早班約早上十點左右（第一部電影開場前半小時進行準備工作），到下午六點，晚班約下午六點到晚上十點多左右。

收入：每小時時薪約一〇九元，不過也有聽過時薪約一〇〇元左右。

酬勞價位：屬於一般價位。

是否需要相關科系：不需要。

需不需要證照：不需要。

是否有年齡限制：基本上並無年齡限制。

可接觸到的行業：各行各業。

是否需要特殊語言：並不特別需要。

什麼樣的個性比較適合這份工作：喜歡看電影的人、開朗、活潑的人，最為適合，不過與其他工作相對來說，沉靜、比較害羞的人也很適合喔，因為工作內容並不需要主動出擊，只要收票就可以，工作內容相當容易且輕鬆。

貼心便利貼

在戲院工作的員工福利之一，就是常常可以看免費的電影，員工福利之二，就是可以帶走當天沒賣完的爆米花。熱愛看電影的小金，常常星期五晚上留下來，觀看最後一場電影，有時候還能抱上一大桶爆米花進戲院邊吃邊看。根據每個禮拜幾乎都要看上一部電影的小金自己估計，每月省下的娛樂消費就高達上千元，而且以前看電影時，常常需要割捨某些片子，現在只要找出空閒時間，就可以準備隨時大飽眼福一場！

金元寶錦囊

上面談到下班時間，多以最後一場電影開場為主，有時候會需要工作到十點半，而這半小時是有給薪的，發薪方式通常會一個月給一次，計算方式以每天下班打卡時間為主，例如有兩天都到十點半，那麼那兩個半小時，就可以變成一個小時來計算薪資。

Memo

Chapter 4
擁有語言能力，讓荷包滿！滿！滿！

只要會一種外語能力，便能從「說、聽、讀寫」這各方面兼職賺錢，而且可以以不同的專精程度，不斷往上追加薪水喔！

特殊語言家教

對象通常也是出了社會的工作人士，因為工作需要的緣故，需要學習特殊外語。這時候的家教費用，將會比一般英文或日文的家教費用高出一些……

工作概況

學習外語，除了英文跟日文之外，是否有其他選擇呢？如果選讀，對自己的將來又會造成什麼樣的影響呢？在大多數人選擇熱門語言學習時，其實有一小批人，正在努力研修一般人很少接觸的語言。

學習較少人會的語言，雖然應用機會較少，但一旦有好的機會釋出，與自己互相競爭的對手，相對的也會比較少喔。例如，台灣有些父母從小便將孩子送往美國唸書，使其搶先一步擁有非常流利的英文底子，將來在需要以英文與人互相競爭時，時常能夠輕易地脫穎而出。

但是很少人會把孩子特地送到土耳其，去學習土耳其文，或是送到俄國學習俄文……等等，所以當特殊語言領域有好的工作機會出現時，基本上競爭者大多是上大學後才開始接觸該語言的同學，大家各憑自己的努力與實力，積極爭取能在該領域冒出頭的機會。

工作甘苦談

在剛開始的時候，工作機會會相對的比較少，所以在剛開始找尋相關工作時，建議除了可以透過基本的求職網路以外，自己就讀學校內的系辦，也要常常過去走動走動。

特殊語言的缺點是工作機會比較少，這一點雖然是它的缺點，卻也是優點之一喔。

例如，需要特殊語言能力的廠商，有時會主動向有開該語言系所的學校，主動詢問或者提供工作機會，所以像是就讀俄文系、阿拉伯文系……等等特殊語文學系的學生，只要自己的語言能力夠好，常常還沒畢業，就已經能夠開始接案、賺賺兼職外快。

還有一些人，畢業後，白天雖然在一般公司行號上班，晚上便可以兼職特殊語言的家教，對象通常也是出了社會的工作人士，因為工作需要的原故，需要學習特殊外語。這部分的社會人士，常常因為工作需要，會被外派到德國、法國，善至是中東國家的上班族，為了讓自己成為公司裡頭缺其不可的中堅人物，而努力學習跟公司業務有往來的國家語言。

這時候的家教費用，將會比一般英文或日文的家教費用高出一些，更棒的是，說不定能透過跟自己補習的「主管級學生」，而獲得「學以致用」的機會喔。學習特殊語言，起步雖然比熱門語言還要辛苦一點，但當機會出現時，往往就是我們手中的超級金飯碗！

❗一定要知道的重要訊息

大約工作時間與時段：必須拿捏教者與學習者能夠相互配合的時間，通常是晚上八點到十點，也有國際型展場口譯的工作機會。

收入：每小時時薪四〇〇元以上，有的經過一個月的學習後，學生自己會把時薪調高的狀況也不少見喔。

酬勞價位：屬於中高價位。

是否需要相關科系：特殊語言學系。

需不需要證照：不需要。

是否有年齡限制：只要語言能力好，並無特殊年齡限制。

可接觸到的行業：會與該語言有業務往來的貿易公司。

是否需要特殊語言：需要。

什麼樣的個性比較適合這份工作：細心、願意不斷自我學習、願意犧牲下班後的休閒時光、腦袋靈活、願意接受各種可能性發生的人、能變化出各種學習方法，好讓學生更快入門的人。

貼心便利貼

學習特殊語言的人，在各種場合的自我介紹中，請記得一定要介紹自己的科系喔！

曾有朋友到海關方面的公司應徵工作，主管正是因為知道她大學學習俄文，而選擇入取她，身為主管的考量是——公司內部已經有英文方面的優秀人才，但卻沒有懂得俄文的人，與其再入取一名英文人才，不管對方程度再好，也不一定會需要用到他，如此一來，不如選擇另外一種語言的人才進公司，以備不時之需，等到公司業務需要用到該語言人才時，公司內部已有相關人才，不需要再往外頭找人進公司。

畢竟，能夠結合語言跟專業的人，遠比臨時請過來，卻對產業不熟的翻譯高手幫助更大！

金元寶錦囊

特殊科系畢業的學生，畢業後，要盡量與系上保持一定的連絡，因為特殊科系，常會不定期接獲需要專業翻譯人員的職缺或臨時工作機會喔！

翻譯工作者

更棒的是，這份工作是可以經過日積月累，慢慢充實自己的能力，不管是英文紙上翻譯能力，或是文字運用靈活度，都可以因為這份兼職的使用，而磨練得更加出類拔萃喔！

工作概況

有一種兼職工作，不用天天到另外一間公司去，所有洽談工作，幾乎可以用mail往來完成，我們照樣可以一下班就回家，悠悠閒閒吃個晚餐，稍微喘口氣後，再來進行工作。

工作只需要一台電腦、英文字典，或者上網查單字都可以，一般來說，翻譯商業文件比較簡單，如果遇到比較專業的文章，就會需要費點工夫去了解該領域的專有名詞。在接案前，可以先衡量一下「所花費時間」與「報酬」之間的平衡點，另外，也需要評估自己的能力未做決定。

工作甘苦談

這是一個關起門來的工作，不需要風吹日曬，也無需到特定的地點耗費交通時間，也沒有老闆在自己身後監督，一切成敗全看自己的能力。

更棒的是，這份工作是可以經過日積月累，慢慢充實自己的能力，不管是英文紙上翻譯能力，或是文字運用靈活度，都可以因為這份兼職的使用，而磨練得更加出類拔萃喔！

一定要知道的重要訊息

大約工作時間與時段：通常在雙方談定的日期內交稿即可，真正的工作時間，則可以自己決定。

收入：每個字約莫0.5~1元左右。

酬勞價位：屬於中等價位。

是否需要相關科系：不需要，但會希望為該語言科系畢業較佳。

需不需要證照：不需要，但會要求看一兩篇翻譯文章的程度。

是否有年齡限制：無年齡限制。

可接觸到的行業：出版業。

是否需要特殊語言：英文、日文，或者是各種其他語言。

什麼樣的個性比較適合這份工作：對語言工作有興趣、希望能夠不斷提升自己語文能力者、對文字敏銳度較強的人尤為適合。

貼心便利貼

這份工作有點門檻，首先必須英文要有點水平，不過，最最重要的還是中文能力要夠好！

英文字不懂，可以翻字典、上網查，可是如果肚子裡沒有豐富的中文語彙，可是非常容易捉襟見拙的喔。

金元寶錦囊

案子可以分為急件（通常要求一、兩天就要翻譯完）、緩件（時間可已長達幾個星期）、內容篇幅比較長的案子……等等。

如果是一般上班族，可以選擇適合自己的案子來接，千萬不要為了兼職而沒有顧好正職，或者是累壞自己的身體喔。

口譯人員

如果是這幾個系所畢業的同學，別忘了在畢業後，也要與系上保持互動，說不定美美的肥差，就這樣從天上掉下來囉！不過，也別忘了，最主要還是自己要撥點時間，下點功夫，以免案子來了，自己卻吃不下來喔。

工作概況

「莉媛，下個月2號，我要去外貿協會跟一個法國人碰面，妳方不方便來幫我翻譯一下？」法文系畢業的莉媛接到朋友的電話，翻了一下行事曆，當場敲定星期六的翻譯行程，同時也聽到「噹噹」收銀機清脆作響的聲音。

口譯工作可以粗略分為兩種，一種是隨行口譯，對話內容偏向比較簡單的會話，要求不會特別嚴格，基本重要內容都有翻譯到即可。

另外一種則是同步口譯，要求比較嚴格，不過相對而言，價錢也比較高，主要工作也是口譯，但需要長期有口譯經驗的人為佳，不僅需要翻譯的相當流暢、語言表達能力好，還需要有一定的專業知識。

工作甘苦談

有時候會議或會談時間過長，因為需要長時間在兩種語言之間作轉換，有的人在翻譯完時，會出現精疲力盡的情況。另外，如果接到比較需要專業的翻譯，也需要先在家做點功課，大約了解該產業或該議題的大約內容後，才能在現場翻譯得夠順、夠漂亮。

一定要知道的重要訊息

大約工作時間與時段：不固定，必須配合會議或活動，視活動情況而定。

收入：一天價格約為五千到一萬元左右，如果是同步口譯，則可以一萬三到兩萬元左右。

酬勞價位：屬於高等價位。

是否需要相關科系：需要相關科系畢業，不過通常以實力取勝。

需不需要證照：不需要。

是否有年齡限制：無年齡限制。

可接觸到的行業：各行各業，特別是政府機關與外商公司。

是否需要特殊語言：需要，英文或是冷門語言都有這方面的需求。

什麼樣的個性比較適合這份工作：反應快，能夠快速了解一個人話中想要表達的意思，語言靈敏度要夠高的人。

貼心便利貼

價格的調整與訂定，通常會依照以下幾個標準來設定，翻譯內容的專業性、相關背景經驗的豐富性、整體工作負荷量大或小、協助雙方協調溝通的能力……等等。

金元寶錦囊

如果該語言夠冷門，例如：俄文、阿拉伯文，一旦市場有需求，而我們又剛好善長這幾種語言，那麼這份工作大概非我們莫屬，價錢也會比較優渥。

一般比較冷門的語文學系，畢業後工作需求量似乎不大，但一旦企業主有其需求，通常會直接上門叩關，請學校系上推薦適合人選，否則人海茫茫，他們也很難去找到合適的人才。別忘了，最主要還是自己要撥點時間，下點功夫，以免案子來了，自己卻吃不下來喔。

外語老師

尤其當名氣累積到一定水平後，一打出「名師」封號時，報酬自然就會水漲船高，不可同日而語。

工作概況

外語老師除了教學童以外，還可以在那些地方一展長才呢？

其實只要細細觀察，便可以發現外語老師的教學對象，其實還真不少喔！例如：補習班，教國中生或高中生英文；也可以到各大企業教英文、日文、法文；還有不少上班族，因為工作的需要，會特別聘請特殊語言的老師，來教自己語言能力，好提升自己的競爭力。

工作內容就是教學，不過，在正式教學時，先前的備課工夫，也是非常重要的一環，必須慎選教材。

工作甘苦談

事先的備課需要花費大量時間，而且這部分是不計入給薪的。不過，這些準備工作，往往只需要一次的工夫，以後再教新學生時，只要稍微再補強一下教學內容，就可以輕鬆走馬上任，只是第一次教學時，會需要花比較多的工夫與時間。

一定要知道的重要訊息

大約工作時間與時段：大多為晚上，會依對象是學生或上班族而有所調整。

收入：每小時時薪約二〇〇～一二〇〇元左右，價格也並非一直固定不變，也有地方採取給老師收成的方式，學生越多，老師賺得越多。

酬勞價位：屬於中高等價位。

是否需要相關科系：最好是相關語言科系畢要，或是曾經到該國住過、留學過。

需不需要證照：不需要。

是否有年齡限制：無年齡限制。

可接觸到的行業：外商公司或補教業。

是否需要特殊語言：英文，或者是其他重要語言。

什麼樣的個性比較適合這份工作：對於把別人「從不會教到會」，有相當熱情的人。

貼心便利貼

有的人會交代一些功課，讓學生回家後能夠再溫習一下，也有人採取放任的態度，讓學生自主學習。

成為許多學生的老師，自己的語言能力固然重要，但學生是否可以吸收更加重要，畢竟為人師表重點在於教學，而非獨善其身喔。

金元寶錦囊

在價錢部分，老師本身的經歷會先決定一開始的價格，但是，慢慢的，將會以「教學成效」來作為拿薪標準。尤其當名氣累積到一定水平後，一打出「名師」封號時，報酬自然就會水漲船高，不可同日而語。

花點心思，稍微設計一下課程，幫助學生能夠盡快學會，教學的人也會非常有成就感喔！

Chapter 5
自己當個小老闆

不需要面試，也無需要乖乖打卡上班，想賺錢的時候出門賺錢，不想出門，就乾脆在家裡休養生息。

門檻最低的地攤生涯

其實不管什麼款式的衣服，幾乎都會有人買，接下來全看跟自己品味相同的人，能不能成為自己的固定客源。

工作概況

擺地攤的上班時間，就是自己每天正職工作後的下班時間，上班時間彈性，不需要打卡，也沒有人會監督我們，賺得多或寡都可以流進自己的口袋裡。這麼棒的兼職工作就是：自己擺地攤、當老闆！

國順上班時，都會把一卡皮箱丟入後車廂裡，那裡頭裝得不是公司文件，而是自己兼職的吃飯傢伙。到夜市擺攤子、賣衣服，讓國順賺進不少錢，不過，這可不是一件容易的差事，首先得先去批衣服，像是五分埔等地方，只要大量買進，就可以買到比一般市價再便宜一點的衣服。

工作甘苦談

遇到下雨時，逛街的人潮會明顯少掉很多，有時候擺了一個整晚上，都沒有收入的情況也有過。但是，也有遇過生意超好的時候，宛如鬼使神差般，單憑一個晚上就進帳上萬塊，扣掉成本後，也有七、八千塊的收入！除了天公不作美之外，還有一件事也是擺地攤的風險，那就是要躲警察。根據國順自己的經驗，大約每三天會被開一次單，有時候被連續開單，可以稍微跟警察求情一下。國順也曾遇過辛苦站了一個晚上，賺得剛好拿去付完罰款就沒了，讓他不禁感慨，擺地攤的運氣往往比眼光還要重要。不過，國順也說，在擺攤的人裡面，也有人創下大半年都沒有被開過單的紀錄，相當厲害。

一定要知道的重要訊息

大約工作時間與時段：晚上下班人潮，或者是假日的夜市。

收入：一個晚上幾百塊到好幾千塊、甚至是上萬塊都有。

酬勞價位：屬於中等價位，但每日價差相差很大，只能取其平均值來看。

是否需要相關科系：不需要。

需不需要證照：不需要。

是否有年齡限制：只要體力好，基本上並無年齡限制。

可接觸到的行業：主要是一般民眾，另外還有成衣廠商。

是否需要特殊語言：並不特別需要。

什麼樣的個性比較適合這份工作：活潑開朗、精明腦子轉得快、喜歡跟人互動，最好對自己所賣產品有相當程度的了解。

貼心便利貼

與客人互動時，可以時時提醒自己一句話「和氣生財」，就算跟自己聊半天，最後客人還是沒有購買，也不要給對方臉色看喔，說不定一個轉身，對方下次就會變成我們的大客戶喔。

金元寶錦囊

挑衣服需要眼光，但國順也說，一樣米養百樣人，其實不管什麼款式的衣服，幾乎都會有人買，接下來全看跟自己品味相同的人，能不能成為自己的固定客源。

地攤是街頭的生活家
也是街頭的演員！

網拍眉角多

因為工作是網拍，沒有所謂的固定上班時段，就算是凌晨2點，如果有客人問問題，我們也會馬上回覆。

工作概況

根據D&D的實戰經驗，整理出基本工作流程，如下：

1. 先找新品，並且進行比價，最後再定出售價。
2. 開始做圖美化，幫產品加分。
3. 於FB粉絲團貼出製作好的圖片，並同時上架YAHOO拍賣。
4. 回覆客人問題、溝通下標。
5. 整理訂單，跟工廠下單。

6. 商品回台灣後，檢查商品。

7. 整理商品，並加以包裝後，寄給客人。

工作甘苦談

因為還在初創階段，生意還不是很穩定。印象最深刻的是，記得第一次看到陌生客戶又回流來跟我們買時，那種感覺真的很感動。

還有一次是有個香港買家Irene，他之前人在台灣時，曾經跟我們下單購買過，後來收到商品後非常喜歡，結果回香港後，又繼續跟我們訂購，之後，還常常定期來我們賣場逛逛，並且一直持續購買。

在這份工作中，聽到客人因為收到我們的商品而感到開心，對我們來說，這真的是很大的肯定！目前遇到的挫折是貨源有時候不太穩定，因為我們不是自己設計生產，需要仰賴韓國工廠賣家，也曾經碰過客人下標付款後，韓國那邊卻突然斷貨，只好充滿歉意跟客人道歉。

我們期許自己，希望在將來能夠開版生產衣服製作，或者去韓國帶貨販售，讓貨源更加穩定，才能提供更好的服務給買家！

一定要知道的重要訊息

大約工作時間與時段：因為工作是網拍，沒有所謂的固定上班時段，就算是凌晨2點，如果有客人問問題，我們也會馬上回覆。

收入：目前收入還不穩定，不過經營網拍一年下來，當初投入的資金已經有回本了，營業額也持續成長中。

酬勞價位：屬於中等價位。

是否需要相關科系：不需要。

需不需要證照：不需要。

是否有年齡限制：無年齡限制。

可接觸到的行業：我們販售女裝，所以還是以女性顧客為主，各行各業都有，但還是以學生及上班族為多。

是否需要特殊語言：並不特別需要。

什麼樣的個性比較適合這份工作：對服裝有熱情、能夠堅持到底的人。

貼心便利貼

要進入網拍業，最需要的可能是獨特性、曝光度跟耐心吧！

因為現在網拍大多以「削價競爭」來搶奪市場，如果不想跟隨這個風氣，創造出自己的品牌價值是很重要的。

另外，每天都有好幾千款女裝上架，如果沒有不錯的廣告，其實很容易就被淹沒。最後，就是必須要有耐心持續的經營喔！

金元寶錦囊

很多人問C&T這個問題：「想開店嗎?」我們當然很希望有實體店面，能跟客人面對面直接接觸，親自感受、觸摸織品的好觸感，了解我們的品質跟服務，以及體驗版型好的衣裝，是如何修飾身材的驚人效果！但開店的目的及創造的意義為何？其實是很需要思考的。

C&T目前還是以網拍為主，會先朝成立自己的網站及穩定的貨源，提供給客戶更完善的品質為主要考量。以下是C&T的網址與賣場，歡迎大家有空時，可以進來逛逛喔！

C&T網址：http://www.facebook.com/2012CandT

C&TYahoo賣場：http://tw.user.bid.yahoo.com/tw/booth/Y0877999577

PS：C&T每月都有活動促銷，遇到換季時折扣會更大。另外，老顧客我們也會給予較多優惠喔。

純手工彩繪布包

小布也會參加創意市集，不過，買的人通常不多，看熱鬧的人反而比較多，小布自己也並不很在意，總覺得可以跟大家分享自己的創作作品，就是一件很幸福的事情。

工作概況

小布很喜歡畫畫，再加上雙手很靈巧，於是便想將兩者結合，創造出屬於自己獨一無二的商品。別人到夜市或路邊擺地攤，賣得多半是批來的商品，小布則不同，皮箱內陳設的商品，全部都是自己嘔心瀝血之作。

白天或有空閒時，小布就在布上頭畫畫，到了晚上或假日，就到夜市或人群聚集的地方擺地攤賣包包。作畫顏料有特別挑過，是經過洗滌不會褪色的顏料，手作布包上的拉鍊也很講究配色跟質感，每一個小細節都很用心。小布最難忘的一次擺攤經驗，是在西門町擺攤，那時候有一對日本觀光老夫婦，經過她的攤位時，細細看了箱子裡的每一個包包。最後，這對日本老夫婦居然一口氣全部買下？！嚇得不太會日文的小布，頻頻追問。「真的嗎？確定嗎？」

工作甘苦談

遇到下雨或是月底的時候，大多數的人都是來攤位前摸摸看看，很少真正出手購買。或是遇到似乎喜歡商品，卻一直盧著要出很低的價錢購買者，有時算算成本，會有種欲哭無淚的感覺。

一定要知道的重要訊息

大約工作時間與時段：端看自己有沒有戰勝懶惰惡魔，乖乖出門擺攤。

收入：最少曾經一個包包也沒有賣出過，最多曾經在西門町站了一個多小時，就被一對日本老夫婦一口氣全部通通掃光。

酬勞價位：屬於中等價位。

是否需要相關科系：不需要。

需不需要證照：不需要。

是否有年齡限制：無年齡限制。

可接觸到的行業：以一般消費大眾為主，再來就是特殊的布料商。

是否需要特殊語言：並不特別需要。

什麼樣的個性比較適合這份工作：喜歡從事創作、個性卻不一定要十分活潑，反而擁有自己獨特氣質的人，容易在創作商品的領域脫穎而出，跟一般擺攤的模式不太一樣。

貼心便利貼

雖然是手作包包，但對於很多人來說，一個小包包要三○○元，還是有些下不了手。有時候小布也會參加創意市集，不過，買的人通常不多，看熱鬧的人反而比較多，小布自己也並不很在意，總覺得可以跟大家分享自己的創作作品，就是一件很幸福的事情。

金元寶錦囊

因為所販售的商品屬於個人創作，除了賺錢外，如何經營「自我品牌」也很重要。像小布就會自行印製名片，放在每一個包包裡，讓購買的人可以更認識自己，名片上則有自己的部落格，如果想要再購買「獨特」性比較強的商品時，不一定要隨機遇到，而是可以直接跟小布下訂單。

善用空姐優勢賺第二筆

這些都是必須事先準好功課的重點，因為退稅部分，往往就像商品買了之後又打了九折，甚至更多！精打細算，是跑單幫賺大錢的重要基礎喔。

工作概況

妙妙是個人人稱羨的空姐，常常在世界各地奔波，工作內容跟前輩相比差不多，但薪水跟福利卻不如以前。於是，妙妙決定利用自己工作上的優勢，開始進行「跨國批貨跑單幫」的生活，自己給自己加薪！

妙妙採用網拍的方式，有時候也會幫身邊的親朋好友們代購，一律採用先下訂單，再購買的方式，所以不太會發生支出一大堆，卻回收不回來的窘境。在選擇購買的產品方面，會選擇台灣沒有進口，或是台灣有進口但價差很多的商品。

工作甘苦談

提著一大堆東西，扛著沉重的行李上飛機，雖然並不十分優雅，但為了讓荷包滿滿，姑且還是膽大心細地下手購買吧！不過，一定要仔細計算成本，像是從郊區飯店到市區的交通費……等，還有別忘了要記得評估需上網和購買者互動的時間成本，做個聰明又美麗的跑單幫空姐。

一定要知道的重要訊息

大約工作時間與時段：不固定，時間比較彈性，比較麻煩的是出國後的飯店，有時候並不一定有提供網路，那時候就無法上網與客人互動。

收入：主要是賺取每件商品的價差，如果情況順利，可以賺到幾百塊、甚至是上千塊不等。

酬勞價位：屬於中等價位。

是否需要相關科系：不需要。

需不需要證照：不需要。

是否有年齡限制：無年齡限制。

可接觸到的行業：不同國家的商家。

是否需要特殊語言：英文，或者是該國語言，不過，重點還是中文的溝通最為重要。

什麼樣的個性比較適合這份工作：熱情活潑、對許多事物都充滿好奇、不怕麻煩的人。

貼心便利貼

在正職工作與兼職工作之間，要盡量取得一個平衡點，千萬不要為了購買商品，而忽略休息的重要性喔！

另外，購買清單上的路線規劃，也要盡量做好，以免自己殺進市區購買時多繞了遠路，那就太辛苦囉。

金元寶錦囊

一般來說，妙妙會購買比較高單價的商品，這樣轉手賺的錢也會比較多，另外還要特別注意到每個國家不同的退稅機制。

例如：在德國境內購買產品不到一百歐元，就可以退稅，而且買越多，退稅的%數可以越高，在義大利則必須超過一百歐元，才有退稅的機制。這些都是必須事先準備好功課的重點，因為退稅部分，往往就像商品買了之後又打了九折，甚至更多！精打細算，是跑單幫賺人錢的重要基礎喔。

二手書店挖寶去

個性積極，腦袋裡總是有許多想法，而且願意付諸實行的人，最適合自己開店當老闆。再加上，地點位於學校附近，便會出現年級較大的學生想要賣掉舊課本，而新生想要購買便宜課本的需求。

工作概況

小舞的公司在知名某大學附近，因緣際會下，認識了書商與願意便宜租屋的房東，於是她腦袋一轉，便在附近開了一家店面小小的二手書店，當起老闆娘來。二手書店每天中午十二點左右開店，六、日休息，大學工讀生大約下午一點左右會過來。工讀生會一直待到她五點半下班，然後這位已經擁有一份正職工作的老闆娘，再過來接手書店就可以。

最後，約莫晚上十點左右，也就是學生們差不多都回宿舍時才關店，結束一整天的工作行程，在店裡的時間，如果沒有客人上門，小舞還會接一些翻譯工作來做。小舞常說，這樣的日子就叫做「千手千眼觀音搶錢法」，在固定的二十四小時裡，盡量塞進不同的賺錢管道，同時並進。如果遇到工作彼此之間時間相互重疊的地方，因為是自己開的店，可以聘請工讀生，輕易便可以化解掉這一個小小的困難。

工作甘苦談

熱愛使用「千手千眼觀音搶錢法」的小舞，平常星期一到星期五已經天天忙於工作，所以到了可貴的六、日時，堅持觀音也要有休息日，打死她都不願意去開店或從事翻譯工作。工作最辛苦的地方，大概是中午時間必須稍微「趕場」一下，以前中午吃過午餐後，就必須小睡一下的她，後來大多忙的沒時間午睡。

一定要知道的重要訊息

大約工作時間與時段：固定，因為是自己開的小店，可以運用自如，不用怕有老闆盯。

收入：扣掉成本，書店每月收入大約可賺數千塊到上萬元不等，寒暑假比較糟糕，因為大部分學生都回家去了，不過如果加上翻譯的費用，一個月大約可以多賺個一萬塊左右。

酬勞價位：屬於中等價位。

是否需要相關科系：不需要。

需不需要證照：不需要。

是否有年齡限制：無年齡限制。

可接觸到的行業：書商跟學生。

是否需要特殊語言：並不特別需要。

什麼樣的個性比較適合這份工作：個性積極，腦袋裡總是有許多想法，而且願意付諸實行的人最為適合。

貼心便利貼

因為是自己開的小店，有同學進來時就介紹書籍、收書、賣書，沒有人光顧時，她還能坐在櫃檯，做一些翻譯工作。

另外，認識的書商可以賣給她約莫五折的書價，小舞可以用七折的書價賣新書給同學，賺取兩成左右的價差。

金元寶錦囊

原本小舞收書的標準是一本書的一成價，也就是一本三〇〇元的書，以三〇元買進，再以書的六折價賣出，賺取中間的五成價差。

因為地點位於學校附近，便會出現年級較大的學生想要賣掉舊課本，而新生想要購買便宜課本的需求。

兼職工作的錢，還可以這樣賺！

培養一個興趣要花多久時間？答案是：不知道。這必須要看「個人」與「那個興趣」之間的緣分，無法強求。

如果已經擁有一個興趣，要讓它開花結果，或者是能夠幫我們增加額外收入，需要多少時間？答案是：大約十年，甚至是更久。

有人會問，這樣的時間成本以及付出，值得嗎？

在回答這個問題前，馥眉想先跟大家一起分享一個、最近發生在馥眉身邊的真實例子。

因為興趣，馥眉最近去上了一堂「詩書畫」的課程，在第二次上課時，張老師為了讓人能夠看見他平日裡完成一幅作品的現況，當場拿出筆墨紙硯，攤開一張大大的宣紙，現場畫起山水畫、提詩、落款。

從一張白紙到完成畫作、提詩，最後貼上不方便攜帶印章、僅用紅色落款貼紙代表印章的作品，前後大約只花了半小時左右的時間。

張老師在一一講解完後，最後嘴裡嘟囔了一句。「這樣的畫作，回去後把貼紙仔細撕掉，蓋上正式印章，最後再把細節一一畫入，說不定還可以賣出去。」眾人聽了，只當老師在說笑。

未料，下一次上課時，老師又發話了。「託各位同學的福，上次課堂上的那張畫，轉手便賣出去了，真是託了各位同學的福啊！」這位張老師的一張畫作，根據市場估價，一張要價台幣十五萬元。

最後，感謝媽咪、金城妹子、田、葳、葳可愛的家人、琦、毅、小雀、張慶國老師、小羊、育慈、欣、評、貞……等等。

謝謝曾經給予馥眉協助的每一個人、謝謝每一位可愛的讀者，也謝謝讓馥眉擁有許多快樂時光的朋友們，更謝謝張先生、每一位辛苦的編輯，以及所有業務部同仁們。謝謝你們為這本書的付出！謝謝你們。

兼職，豐富了我們的人生
每一分錢，都珍貴
每一種職業，都令人尊敬

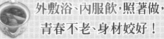

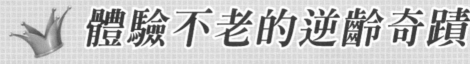

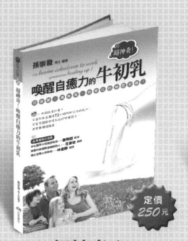

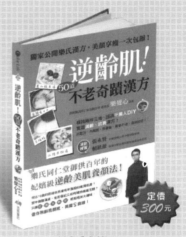

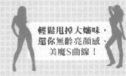

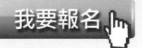

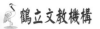

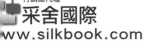

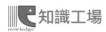

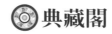

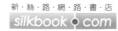

20幾歲，要累積的人脈學分

定價NT250元

人脈就是錢脈，錢脈決定自由

***如果妳屬於下列這幾個族群：**

★新鮮人：想要找個好工作！★小主管：想要早點升官發財！★窮忙族：想早點獲得財務自由！看過這本書，你將會找到屬於自己的人生新方向！

***暢銷作家典馥眉最新作品**

繼《學校沒有教的戀愛心理學》後，這一次，典馥眉要與你分享如何從複雜的人際關係中，累積出有用的人脈，經由她的細細剖析與案例分享，我們才終於其實只要真心與人相處，並且持續修養自己，自然擁有好人緣，進而累積出豐富的人脈。

***發自內心，就有人脈**

卡內基訓練大中華區負責人黑幼龍說：「禮貌並不等於禮儀，也不只是外在的規矩，而是發自內心的人際關係技巧，能提升你的專業形象，和增加受人重視、重用的機會。」

Encourage

用10%的薪水賺到100萬

定價NT280元

存股票，小錢致富DIY

***淺顯易懂的語言和圖表**

本書大膽剔除了很多看起來很有用，但是實際中並沒有用的投資理論和道理，用通俗化的語言、大量的案例分析，力圖讓讀者最快速地解決投資股市初期的許多難題。

***從大趨勢判斷投資新方向**

唯有判斷好股市的大趨勢，進而才是選擇投資的股票，而大趨勢的判斷最簡單也是最快的方式，就是研究股市的技術面。

***鼓勵投資者要有自己的想法**

身為投資者，要想到買賣股票後，會有什麼樣的後續效益，不能只依靠明牌來下決策，必須要有自己獨到的看法和見解。